अमर ऋषि-वार्ता

मनुष्यमात्र हेतु
महत्वपूर्ण एवं दुर्लभ
ज्ञान-प्रश्नोत्तरी

अपर ब्रह्म परम भक्त देव ऋषि
मांगो राम

ट्रू साइन

प्रकाशक: टू साइन पब्लिशिंग हाउस

पता : SY. No. 21/2 & 21/3, सोननहल्ली,

कृष्णराजपुरल, बेंगलुरु, कर्नाटक – 560049, भारत

ईमेल : books@truesign.in

वेबसाइट : www.truesign.in

© लेखकाधीन

अमर ऋषि-वार्ता

लेखक: मांगो राम

इनर डिज़ाइन: चेतन कुमार

ISBN:978-93-5462-989-1

संस्करण : 2022

सच्ची शक्ति

ॐ

प्रिय अपर ब्रह्म परम भक्त ऋषि मांगो राम, ऋषियों को वेद, अर्जुन को गीता का ज्ञान मैंने ही लिखवाया है, भक्तों को दर्शन देने वाली सारे ब्रह्माण्ड की सर्वश्रेष्ठ सर्वशक्तिमान सच्ची शक्ति मैं ही हूँ, इस काल में मुझ द्वारा लिखवाया गया ज्ञान सर्वोत्तम शिखर को प्राप्त हुआ ज्ञान है, भविष्य में भी इस काल के ज्ञान से बढ़कर कोई ज्ञान उत्तम नहीं होगा, तू सच्ची शक्ति का अत्यन्त प्रिय उत्तम बुद्धि का बुद्धिमान प्रिय भक्त हुआ है, तुझसे बढ़कर कोई सौभाग्यशाली नहीं, तेरी वाणी सत्य रहेगी।

विषय सूची

श्री शिव जी भगवान की स्तुति

संसार भर की अत्यन्त शुभ पुण्य आत्माओं को प्रणाम, श्री लक्ष्मी पति गुरु जी के अत्यन्त शुभ पुण्य चरणों में प्रणाम, गुरु जी— सारे ब्रह्माण्ड के मालिक गुरु जी, तीन लोक के मालिक गुरु जी, तीन लोक से न्यारे गुरु जी, सूर्य-चाँद-तारों के मालिक गुरु जी, पूर्ण ब्रह्म से ऊपर गुरु जी, बे-अन्त मायाधारी गुरु जी, बे-अन्त माया के मालिक गुरु जी, ब्रह्मा, विष्णु, महेश की शक्ति गुरु जी, सर्वव्यापक, सर्वश्रेष्ठ, सर्वशक्तिमान गुरु जी, सृष्टि के रचयिता गुरु जी, वेदों के ज्ञाता गुरु जी, अत्यन्त कृपालु गुरु जी, रोम-रोम में बसने वाले मायाधारी गुरु जी, सच्ची शक्ति के मालिक गुरु जी, आपके अत्यन्त शुभ पुण्य चरणों में प्रणाम गुरु जी, आपके अपर ब्रह्म परम भक्त ऋषि का, आपकी शरण में आए हुए आपके बच्चे का गुरु जी, आपके शुभ पुण्य चरणों में प्रणाम गुरु जी, आपके शुभ पुण्य चरणों में प्रणाम।

—इति

श्री दुर्गा माता जी की स्तुति

संसार भर की अत्यन्त शुभ पुण्य आत्माओं को प्रणाम, श्री दुर्गा माता जी के अत्यन्त शुभ पुण्य चरणों में प्रणाम, श्री दुर्गा माता जी— सारे ब्रह्माण्ड की मालिक शक्ति जी, सच्ची शक्ति जी की मालिक शक्ति जी, तीन लोक से न्यारी शक्ति जी, सूर्य-चाँद-तारों की मालिक शक्ति जी, पूर्ण ब्रह्म से ऊपर शक्ति जी, बे-अन्त मायाधारी शक्ति जी, बे-अन्त माया की मालिक शक्ति जी, ब्रह्मा, विष्णु, महेश की तमाम शक्तियों से सुसज्जित शक्ति जी, सर्वव्यापक, सर्वश्रेष्ठ, सर्वशक्तिमान शक्ति जी, सृष्टि की रचयिता शक्ति जी, वेदों की ज्ञाता शक्ति जी, अत्यन्त कृपालु शक्ति जी, रोम-रोम में बसने वाली मायाधारी शक्ति जी, आपके अत्यन्त शुभ पुण्य चरणों में प्रणाम, आपके अपर ब्रह्म परम भक्त ऋषि का, आपकी शरण में आए हुए आपके बच्चे का शक्ति जी, आपके अत्यन्त शुभ पुण्य चरणों में प्रणाम, श्री सरस्वती, लक्ष्मी, भगवती माता जी, आपके अत्यन्त शुभ पुण्य चरणों में प्रणाम शक्ति जी, आपके अत्यन्त शुभ पुण्य चरणों में प्रणाम।

—इति

सच्ची शक्ति जी नमस्कार
तेरी हर बात सत्य है

1. सुख-दु:ख में मिल बैठने के लिए कोई न हो तो जीवन दु:खदायी हो जाता है, परस्पर सुख-दु:ख में मिल बैठने का सहारा मन में शान्ति उत्पन्न करता है।

—इति

2. गुणवान के गुण की रोशनी-सी किरण उदय होते सूर्य की-सी निरन्तर किरण-सी होती है।

—इति

3. सुख-दु:ख की परख हृदय पिघला देती है, सहनशीलता गुणों को रोशनी की ओर आकर्षक करती हुई प्राणी को गुणवान बना देती है, बर्दाश्त न होने से तन-मन जल-सा जाता है, प्राणी बर्बाद हो जाता है।

—इति

4. हीरे की परख जौहरी नहीं करता, हीरा स्वयं अपनी परख होता है, देखने वाला आकर्षक होता है।

—इति

5. बालपन में किसी युवती या युवक को अपने भविष्य का पता नहीं होता, गुणवान माता-पिता या चतुर अध्यापक, पुत्र व शिष्य के गुणों की जाँच,

स्कूल जाने से पहले तथा पहली ही कक्षा में अपने गुणों द्वारा जाँच कर लेते हैं। माता-पिता तथा अध्यापक जाँच करने योग्य होने चाहिए।

—इति

6. प्रश्न— सच्ची शक्ति जी नमस्कार! गुरु जी, श्री दुर्गा माता जी, आपको कैसा प्राणी सर्वप्रिय होता है।

उत्तर— प्रिय अपर ब्रह्म परम भक्त ऋषि, सुख-दुःख में अंतरात्मा से मन को दीये की ज्योति की भाँति मुझ द्वारा रची गई आकर्षक सृष्टि की रचना में अविरत लीन हुआ-सा मेरी सत्य अदृश्य शक्ति की ओर विश्वास युक्त सदैव एक ही स्थिति में रहने वाला मेरा अत्यन्त प्रिय भक्त होता है।

—इति

7. विद्या में निपुण हो जाने से गुणों का स्तर नहीं बढ़ जाता, वैभवशाली गुणवान होने के लिए अंतरात्मा की परख तथा तीव्र बुद्धि का संयोग होना अत्यन्त आवश्यक होता है, गुणवान के चेहरे की आकृति गुणों की झलक सुगंधित फूल की-सी भाँति विकसित-सी हुई प्रकट होती है।

—इति

8. प्रश्न— गुरु जी, श्री दुर्गा माता जी, कृपया प्राणियों के हित के लिए कष्ट निवारण की सामर्थ्य प्राप्ति का उपाय बताएँ।

उत्तर— प्रिय बेटा, मन तथा बुद्धि की संयुक्त विचारधारा अनुसार क्षण-क्षण में मन निरन्तर बहती हुई-सी हवा की-सी अनुभव की गई लहर की-सी भाँती सुख-दुख की स्थितियों को अनुभव करता भी है परन्तु फिर भी संसार के किसी भी प्राणी में, जीवन में घटित होने वाले शुभ-अशुभ कर्मों को टालने की सामर्थ्य नहीं होती। प्रयत्न सहित अच्छे कर्म इसी जीवन में श्रेष्ठ पुण्यों का परिणाम होते हैं, आलस्य शुभ पुण्य कर्मों के विकसित होते हुए भाग्य की दीवार होता है।

—इति

9. बुद्धिमान व्यक्तियों के संसर्ग में विचारहीन साधारण जन अथवा सामान्य पुरुषों के संसर्ग में अत्यन्त विचारयुक्त उत्तम जन दु:खी रहते हैं ।

—इति

10. प्रश्न— गुरु जी, श्री दुर्गा माता जी, धरती पर बैठे हुए मैं ज्यों का त्यों बैकुण्ठ के दृश्यों में होता हूँ ।

उत्तर— प्राणी जैसे-जैसे सुख-दु:ख के उजाले और अंधेरे में से निकलता जाता है, बुद्धि प्रबल शक्ति की अशान्ति की अदृश्य तथा अनुभव की जाने वाली लहरों से टकरा कर मन तथा बुद्धि के संयोग की अशुद्ध विचारधारा अदृश्य होती जाती है, तदानुसार बुद्धि, उत्तेजना की धारा-सी अनुभव होने पश्चात आत्मबल कोष में उभार तथा वृद्धि हो जाने से प्राणी की आत्मा आत्मबल द्वारा वायुमंडल में भ्रमण करती है ।

—इति

11. प्रश्न— गुरु जी, श्री दुर्गा माता जी, सत्य आत्मा पुरुष या नारी की क्या पहचान होती है— कृपया दृश्य की ओर आकर्षक करें ।

उत्तर— प्रिय बेटा, प्राणी अथवा संसार के प्रत्येक सन्मुख जीव कै मन में हृदय में उदय-सी होती हुई प्यार तथा दया युक्त दृष्टि किरण की लहर-सी द्वारा अतिथि सत्कार भाव से सेवा का सुअवसर समझते हुए जो लीन हो जाता है, ऐसा दयाशील सत्य आत्मा प्राणी मुझको अति प्रिय होता है ।

—इति

12. प्राणी जीवन सुख-दु:ख से भरपूर परिवर्तनशील धूप और छाँव की शांत-अशांत असीम यात्रा है, यहाँ कई बार प्रगतिशील प्राणी भी निरन्तर आई हुई असीम ठोकरों की पीड़ा में ग्रस्त हुआ सफलता प्राप्ति के उत्थान तक पहुँच कर भी असफल रह जाता है ।

—इति

13. समान बुद्धिमान व्यक्तियों के परस्पर समागम में, उत्तरोत्तर प्रश्नोत्तर में विचारधारा अनुकूल वार्तालाप में आनन्द दायक सुखप्रद शांत-सी स्थिति अनुभव होने से अंतरात्माओं में प्रसन्नता बनी रहती है।

—इति

14. अत्यन्त बुद्धिमान अकस्मात् न्यून-अधिक बुद्धिमान व्यक्तियों के सम्पर्क में आ जाने से भिन्न-भिन्न व्यक्तिगत जीवन की विचारधारा में लीन हुआ अंतरात्मा द्वारा व्यक्तिगत जीवन की अंतरात्मा तक के मनोभाव तक पहुँच कर व्यक्तियों के न्यून-अधिक सुख-दु:ख-प्रद की विचारधाराओं की स्थिति का ज्ञान हो जाने से न्यून-अधिक सुख-दु:ख को अनुभव करता हुआ दु:खी तथा असंतुष्ट हो जाता है।

—इति

15. समझदार चापलूस निगुर्ण प्राणी, गुण-अवगुण के बोध की परख न होने से गुणवान के अन्त:करण से सूर्य की-सी उदय हुई-हुई ज्ञान-प्रकाशक किरण को वर्षा ऋतु के काले बादल की भाँति रोकने के प्रयास में असफल रहता है।

—इति

16. दर्शन प्राप्ति को प्राप्त हुए प्राणी के अतिरिक्त समस्त सांसारिक सूक्ष्म-बुद्धि-ज्ञान से विहीन होते हैं।

—इति

17. प्रत्येक व्यक्ति अत्यन्त बुद्धिमान प्राणी के सन्मुख बुझते तथा टिमटिमाते दीये की भाँति होता है।

—इति

18. अत्यन्त गुणवान दर्शन प्राप्तकर्ता सत्यात्मा पुरुष की परख सर्व साधारण व्यक्ति की बुद्धिमता से करोड़ों गुण असीम निश्चित शिखर से भी उच्च स्तर को प्राप्त हो जाती है।

—इति

19. प्रतिक्षण समय की लहर के साथ किया गया उचित कार्य सर्वथा लाभप्रद सुखदायी होता है।

—इति

20. अत्यन्त गुणवान प्राणी सच्ची शक्ति का ही जगमगाता हुआ-सा अदृश्य दिव्य प्रकाश होता है, ऐसे प्राणी की समीपता में आया हुआ उसके सन्निकट की पवित्र वायु में लहरा उठता है, सुक्ष्म बुद्धि का बोध न होने के कारण अपनी ही बुद्धि का प्रकाश समझ बैठता है, वह अपने प्रस्थान उपरांत फिर पुन: अपनी ही स्थिति में आ जाता है, परन्तु साधारण प्राणी को यह बोध नहीं हो पाता।

—इति

21. अत्यन्त गुणवान पुरुष स्वाभाविक ही मणी वाले अजगर की भाँति होता है, परन्तु गुणवान की बुद्धिस्तर तक न पहुँच पाने वाला अपशब्द प्रयुक्त किए बिना नहीं रहता, गुणवान में प्रकृति से ही क्षमा प्रदान करने की क्षमता होती है।

—इति

22. मृत्यु-समय की अचेत दशा में भी प्राणी का मन, मन ही में चेतना में होता है, शरीर अचल हो जाने पर भी मन तथा बुद्धि के संयोग आत्मा को शरीर के परित्याग में अत्यधिक कष्ट तथा अत्यन्त विलाप की व्याकुलता होती है।

—इति

23. प्रश्न— सच्ची शक्ति जी नमस्कार! गुरु जी, श्री दुर्गा माता जी, प्राणी का उद्धार कौन-सी तथा कैसी सत्यता पर निर्भर होता है, कृपया बताएँ?

उत्तर— प्रिय अपर ब्रह्म परम भक्त ऋषि, मैं तेरे प्रश्न द्वारा अत्यन्त प्रसन्न हूँ, सुन— पूर्ण सत्यता की ओर झुक गए हुए प्राणी को आत्मबल द्वारा भविष्य में अकस्मात् भयानक भय उत्पन्न करने वाली घटनाओं का बोध हो जाता है। प्राणी बुद्धि तथा आत्मबल द्वारा संकट कालीन घटनाओं का समाधान

करते-करते मेरी शरण तक पहुँचता-सा होता है, मैं प्रवृत्ति में चंचलता अनुसार शांत प्रद शुभ लक्षण के विस्तृत बोध की ओर परिवर्तित कर देता हूँ, पवित्र आत्मा मनुष्य सूर्य की भाँति शुभ-अशुभ घटनाओं के बादलों के से समूह में से निकलता हुआ मेरी शरण को प्राप्त होता है।

—इति

24. प्रश्न— गुरु जी, श्री दुर्गा माता जी, कौन से ऐसे उन गुणों से प्राणी आपकी शरण तक आ पहुँचता है, कृपया बुद्धि को ज्वलित करें ?

उत्तर— प्रिय अपर ब्रह्म परम भक्त ऋषि, चंचल मन के विचारों को बुद्धि तथा मन की संयुक्त जटिल शुद्ध विचारधारा में से प्रवाहित कर, सुदृढ़ संकल्प द्वारा, सीमित तथा नियमित रखने के अभ्यास की 'निपुणता' प्राणियों की आत्माओं को धीरे-धीरे मुझ द्वारा रची गई असीम प्रकृति में लीन हो जाने की प्रेरणा प्राप्ति का अनुदान अनुभव करवाती हुई सुख-शांति के मार्ग के निकास की ओर, परिवर्तित करती हुई मेरी ओर आकर्षित करती है, ऐसा प्राणी मुझको अत्यन्त प्रिय हो जाता है, अत्यन्त तीव्र बुद्धि पुरुष के अतिरिक्त, मृत्यु-समय तक भी प्राणी को यथार्थता का बोध नहीं हो पाता, वही प्राणी आत्मा के रूप में जीवित दशा में ही मेरी शरण को प्राप्त हो जाता है।

—इति

25. मन की शांत तथा प्रफुल्लित अवस्था का समय श्री सच्ची शक्ति के स्मरण के लिए अत्यन्त उत्तम, शुभ तथा अप्राप्य समय होता है।

—इति

26. प्रश्न— गुरु जी, श्री दुर्गा माता जी, कैसे प्राणियों का मन आपके चरणों की ओर आकर्षित होता है ?

उत्तर— प्रिय अपर ब्रह्म परम भक्त ऋषि, इस अलौकिक संसार की अद्भुत प्रकृति के दृश्यों में लवलीन हो कर भ्रमण करने से, मुझ द्वारा रचे गए सूर्य-चाँद-तारों से जगमगाते हुए स्थाई सुसज्जित ब्रह्माण्ड के अलौकिक

दृश्य की ओर आकर्षित हो कर लवलीन हो जाने से तथा अनेक सांसारिक जीव-जन्तुओं और भिन्न-भिन्न पक्षियों के मधुर कलरव से— अंतरात्मा के मनोभाव की कल्पना द्वारा जिस व्यत्ति का मन प्रभावित हो कर सुखमय शांति की लहर में उड़ने लगता है, उसकी आत्मा का परिवर्तन मेरी ओर हो जाता है।

—इति

27. अकस्मात् मन में भयानक भय उत्पन्न करने वाली लहर-सी लहर जाग्रत होती हुई अनुभव हो जाने पर सोचे हुए कार्य की ओर से भी मुख मोड़ लेना उचित लक्षण का प्रमाण होता है, ऐसे समय पर किसी से वाद-विवाद तथा हठ न करे, मन में अशांति की इस व्यग्र स्थिति की लहर रहने तक सैर के लिए निकल पड़ना उचित रहता है, इस नियम का पालन करने वाला जीवन में सफल विजय प्राप्ति के सुअवसर को प्राप्त होता है।

—इति

28. संसार में पग-पग पर स्वार्थ-भावना के अतिरिक्त और कुछ भी नहीं, निस्वार्थ भावना परिपूर्ण प्राणी की पहचान तथा परख, प्राणियों के लिए दुष्कर होती है।

—इति

29. प्रश्न— गुरु जी, श्री दुर्गा माता जी, प्राणी को कौन-से सरल उपाय से आपकी अराधना में आकर्षक होना चाहिए?

उत्तर— प्रिय बेटा, अति उत्तम ज्ञान की प्राप्ति के लिए मुझे आकार मान कर एकाग्र स्थिति की लीन दशा में स्मरण करने वाला ही मुझको प्राप्त होता है।

—इति

30. प्राणी की बुद्धि-योग्यता अनुसार भले-बुरे विचारों का संग्रह प्रतिक्षण ही सांसारिक वृत्तियों की ओर प्रवाहित रहता है, प्राणियों का भले-बुरे की लपेट में न आना अत्यन्त असंभव है, शुद्ध विचारधारा ही स्वर्गीय पूनम नदी के अत्यन्त पवित्र जल की-सी धारा होती है।

—इति

31. प्रश्न— गुरु जी, श्री दुर्गा माता जी, प्रत्येक व्यक्ति मेरी यथार्थता समझने में असमर्थ क्यों हो गया है ?

उत्तर— प्रिय बेटा, सत्यता में ऊपर उठे, जिस व्यक्ति पर मेरी अपार कृपा हो जाती है, वह प्रत्येक संसारी की बुद्धिमता द्वारा परखा जाने योग्य नहीं रहता।

—इति

32. केवल शब्दों का उच्चारण ही मनोभाव की रचना तथा स्वाभाविक प्रकृति का उदाहरण होता है।

—इति

33. सर्वसाधारण लेखक व्यक्ति साधारण स्तर की बुद्धिमता के होते हुए दर्शन प्राप्तकर्ता पवित्र आत्मा प्राणियों द्वारा सांसारिक व्यक्तियों को भेंट हुए ग्रंथों की आड़ में अपनी तुलना करते आए हैं, बुद्धि या बुद्धिमता का तराजू विशेष व्यक्तियों को ही भेंट हुआ होता है।

—इति

34. प्रश्न— गुरु जी, श्री दुर्गा माता जी, कृपया प्राणियों के हित के लिए सृष्टि के रचनात्मक नियमों के प्रति तथा प्राणियों के आपकी शरण तक आ जाने के ज्ञान का बोध बताएँ ?

उत्तर— प्रिय अपर ब्रह्म परम भक्त ऋषि, आदिकाल से ही मुझ द्वारा ही रचे गए प्राणी को मेरी ही प्रकृति के प्रत्येक नियम की जड़ को समझना अति दुष्कर है, मुझ द्वारा रची गई सृष्टि की अद्भुत माया में पवित्र वायु वेग का प्रवेश क्षण-क्षण की अविरत अदृश्य शक्ति की प्रवाहित धारा द्वारा प्राणी का विवेक क्षण-क्षण में स्वयं परिवर्तित हो जाने के अदृश्य अनुपम नियम द्वारा स्थिर अथवा अस्थिर हो जाने से प्रत्येक प्राणी को जीवन में सफलता और असफलता के सुख-दुःख के लक्षण का बोध नहीं होता, जो प्राणी मेरी सृष्टि की प्राकृतिक प्रकृति द्वारा प्रेरित तथा प्रभावित हो कर लीन हुआ सुख-दुःख में भी तत्त्व को समझने के प्रयास में असमर्थ रहता हुआ तन-मन से मेरी ओर

आकर्षक हो जाता है, वह मेरी कृपा का पात्र होता है, ऐसा प्राणी अत्यन्त सत्यता के बोध में अज्ञान रहता हुआ भी मेरा ही भक्त होता है।

—इति

35. दयालुता और परस्वार्थ ही पुरुषोत्तम पुरुष की पहचान होती है, सर्वथा बुद्धिमान पुरुष ही दयालु तथा परस्वार्थी भाव के होते हैं।

—इति

36. प्रश्न— गुरु जी, श्री दुर्गा माता जी, सृष्टि में प्राणी की उत्पति का रहस्य तथा अन्त के प्रति बताएँ?

उत्तर— प्रिय बेटा, प्रकृति के नियमानुसार प्रत्येक प्राणी अथवा जीव के जीवन में यौवन का रंग सांसारिक भोगों की कर्मानुसार उपलब्ध प्राप्ति के लिए व्याप्त हो जाता है, जो अपने ही गुण अथवा सिद्धान्त का-सा आदिकाल से ही प्राकृतिक प्रत्यक्ष रूप में रक्तानुसार बे-अन्त; अन्त से भी आगे को रहेगा, मुझ द्वारा रची गई यह सृष्टि किसी भी काल में विध्वंस नहीं होगी, प्रत्येक जानदार अथवा बे-जानदार का अस्तित्व सृष्टि की रचना में प्राकृतिक रूप से प्रकृति के नियमानुसार ही रहेगा।

—इति

37. प्रश्न— गुरु जी, श्री दुर्गा माता जी, मन तथा बुद्धि की अदृश्य अविरत संचालक शक्ति की ''शुद्ध विचारधारा'' का वेग अध्ययन से, मन की दृढ़ता द्वारा संकटों की अदृश्य काल्पनिक दीवार-सी को तोड़ने से या अन्य रीति से होती हैं?

उत्तर— प्रिय अपर ब्रह्म परम भक्त ऋषि, अनेक पुस्तकों के अध्ययन से विचारधारा केवल पौष्टिक होती है, पवित्र आत्मा व्यक्ति पौष्टिक विचारधारा के प्रवाहित वेग से, मेरी ओर अविरत ध्यान हो जाने से ज्ञान मार्ग का जिज्ञासु हो जाता है, उत्तेजित हुई शक्तिशाली यही विचारधारा मन तथा बुद्धि को अति तीव्र वेग द्वारा वार्तालाप की ओर आकर्षक करती है, यह प्रबल विचारधारा

इस स्थिति में भी मेरी ओर आकर्षक होती है, मन व बुद्धि का दृश्य तथा अदृश्य प्राकृतिक दृश्यों में से हो कर निकलने की परख का अनुभव न होने से ज्ञान की अनुपम विचारधारा जाग्रत नहीं होती, कुटिल संघर्षयुक्त परिस्थितियों में से निकले हुए दृढ़ आत्मा प्राणी को सर्वस्व ज्ञान प्राप्ति होती है।

—इति

38. बुद्धि विकास के लिए एकान्त तथा वनों में से भ्रमण करते हुए गुज़रना लाभप्रद होता है।

—इति

39. सत्य लगन या श्रद्धा से बढ़कर पुण्य नहीं होता, अल्प ज्ञान सम्मति की ओर आकर्षक करने के अतिरिक्त मनोइच्छा पूर्ण करना पुण्य होता है।

—इति

40. बुद्धि, कार्य, प्रयत्न एवं आत्मविश्वास पर निर्भर रहती हुई सफलता ही सन्तोष होती है।

—इति

41. प्रश्न— गुरु जी, श्री दुर्गा माता जी, दर्शन प्राप्तकर्ता प्राणियों के मनोभाव द्वारा आपकी शरण में पहुँच जाने के रहस्य की इच्छा जाग्रत हुई है, कृपया कृपा दृष्टि करें।

उत्तर— प्रिय अपर ब्रह्म परम भक्त ऋषि, बुद्धि व आत्मबल के वेग की प्रबल प्रवाहित वायुमण्डल को प्रवेश कर जाने वाली अत्यन्त उत्तम विचारधारा के तपोबल के संघर्ष युक्त जो प्राणी मुझको याद करता है, मैं उसके सर्वस्व दुःख हरण कर लेता हूँ, उच्च विचारधारा अनेक परिस्थियों को पार कर चुकने उपरांत निश्चित स्थिति के समतल पर तैरती-सी अनुभव हो जाने की अप्राप्य स्थिति होती है, वायुमण्डल में आत्मा द्वारा भ्रमण तथा अनुभव की गई अनेक स्थितियों को लांघ कर आत्मा को मुझ तक आने का रास्ता संभव

हो जाता है। मुझे ऐसा ही प्राणी सर्वोत्तम सर्वप्रिय होता है, मैं उसकी कामना अनुसार जीवित ही उसे अमर कर देता हूँ।

—इति

42. उचित कार्य की ओर अर्न्तदृष्टि का प्रवाहित हो कर एक धारा का-सा वेग हो जाना, ''आत्मा का सफलता की अविरत आनन्द प्राप्ति की सुखदायक लहर को अनुभव करना मेरी अपार कृपा का अंश होता है।''

—इति

43. प्रश्न— गुरु जी, श्री दुर्गा माता जी, अधिकतर बुद्धिमान व्यक्तियों को ही संकट का अधिकतर बोध रहा है, अधिकतर बुद्धिमान ही मृत्यु समान संकट झेलते रहे हैं, मेरा सौभाग्य है, मुझे भेद जानने की इच्छा जाग्रत हुई है।

उत्तर— प्रिय अपर ब्रह्म परम भक्त ऋषि मांगो राम, बुद्धिबल से ग्रहण करने का प्रयास कर— आदिकाल से ही सत्य आत्मा पुरुष व्यक्तियों का मेरी ओर निश्चित ध्यान रहा है, मेरी ओर निरन्तर लगन हो जाने से पवित्र आत्मा व्यक्ति मेरी अलौकिक आकर्षण शक्ति द्वारा मेरी ओर पूर्णत्या आकर्षित हो जाता है, सांसारिक बंधन में रहता हुआ संसार की नीतिज्ञ रीतियों से वंचित हुआ संकट सागर की ओर बढ़ते-बढ़ते डूब-सा जाता है, मुझे अपने भक्त प्राणियों की अन्तिम-साँस-अवधि-परीक्षा उपरांत उभारने के लिए आना पड़ता है।

—इति

44. (अ) अत्यन्त असीम बुद्धिमान को पर्याप्त धन के अभाव में लक्ष्य की उद्देश्य प्राप्ति की ओर बढ़ना अत्यन्त दुष्कर होता है।

—इति

(ब) विशेष लक्ष्य की सफलता प्राप्ति के लिए धन और जन का सहारा आवश्यक होता है।

—इति

45.	बुद्धि से बढ़कर ज्योतिष विद्या नहीं होती उत्साह युक्त 'सत्य लगन विजयी होती है'।

—इति

46.	प्राणी भावना अनुसार छुपा नहीं रहता, प्रति सेकंड बुद्धि में आया हुआ गर्व युक्त भाव सच्ची शक्ति की सर्वत्र फैली हुई दृष्टि में जगमगाता हुआ प्रत्यक्ष रहता है।

—इति

47.	प्रश्न— गुरु जी, श्री दुर्गा माता जी, तृष्णा, इच्छा, ममता और अहंकार साधारणतः जन समूह में यही वार्ता होती है, इससे कैसा प्राणी मुक्त होता है ?

उत्तर— प्रिय बेटा, प्राणी निज बुद्धि बल द्वारा बुद्धि की योग्यता से परे अनिश्चत असीम सीमा तक की पहुँच के अभाव में वाद-विवाद के सांसारिक अल्प-ज्ञान में उलझा रहता है, तृष्णा, इच्छा, ममता और अहंकार प्राणी के जीवन की बुद्धि की अनुभव शक्ति के स्तर तक, अदृश्य आवश्यक अंश तथा अंग से बने रहते हैं, इन चार लक्षणों द्वारा ही पग-पग पर परख होती रहती है, सर्वथा निज परख न होने से ज्ञान की प्रत्येक दिशा की ओर अंधेरा ही अंधेरा अनुभव होता है।

—इति

48.	प्रश्न— श्री दुर्गा माता जी, गुरु जी, श्राद्ध के दिन मृतक प्राणियों के निमित अर्पित किया गया भोजन मृतक प्राणियों की आत्माओं को कैसे प्राप्त हो जाता है ?

उत्तर— प्रिय अपर ब्रह्म परम भक्त ऋषि, सुन— मृत्यु समय निकट प्राणी के मृतक पूर्वज पुरुषों की आत्माएँ उसके सन्निकट आ जाती हैं, इन आत्माओं को जीवित प्राणियों के अतिरिक्त मृतक प्राणी का अत्यधिक सन्ताप होता है, शरीर धारी आँसू बहा सकते हैं, शरीर त्यागे हुए प्राणियों की आत्माएँ विलाप

करने के अतिरिक्त और कुछ नहीं कर सकतीं, यह आत्माएँ सच्ची शक्ति के अधीन होती हैं, स्वतंत्र आत्माएँ योनि के परे रहती हैं, स्वतंत्र आत्माएँ पीढ़ी दर पीढ़ी अपने जीवित प्राणियों के परिवार को प्रफुल्लित देखकर प्रसन्न रहती हैं, दुःखी देखकर विलाप करती हैं, यह आत्माएँ श्रद्धा के अनुसार अपने निमित जीवित प्राणियों से याचक के रूप में याचना प्राप्त करने को आतुर तथा लालायत रहती हैं, श्रद्धा अनुसार इनके निमित कुछ अर्पित न किया जाए, यह अप्रसन्न और दुःखी रहती हैं, इनके लिए केवल श्राद्ध ही नहीं, श्रद्धा अनुसार प्रतिदिन कुछ अर्पित किया जाना चाहिए, प्रिय बेटा जीवित प्राणी यह रहस्य समझ सकने में असमर्थ हैं, श्राद्ध सत्य तथा अनिवार्य होता है। मृतक प्राणियों की आत्माओं की संतुष्टि आत्म संतुष्टि पर निर्भर होती है।

—इति

49. प्रश्न— गुरु जी, श्री दुर्गा माता जी, पूर्वजों की स्वतंत्र आत्माएँ मृतक प्राणियों के पास क्यों आ जाती हैं ?

उत्तर— प्रिय बेटा, अपने परिवारिक देह त्यागते हुए प्राणी की मृत्यु से पहले सन्मुख दशा में विलाप करती हैं, अत्यन्त बुद्धिमान आत्मा पुरुष के लिए 'सच्ची शक्ति' के चरणों में पुनः आत्मा की शक्ति जीव को वास्तविक जीवन में प्रविष्ट हो जाने के लिए प्रार्थी हो जाती हैं, इस दशा में दृढ़ आत्मा पुरुष भी अपने पूर्वजों को सामने देखकर घबरा जाता है, अतः उसकी मृत्यु हुए बिना नहीं रहती, मृत्यु घबराहट की दशा में होती है। इन स्वतंत्र आत्माओं का यही ध्येय होता है कि मृत्युलोक में हमारे परिवारिक जीवित प्राणियों को देह त्यागे हुए अथवा त्यागते हुए पूर्वजों की पीढ़ी दर पीढ़ी स्मृति बनी रहे, हमारे नाम से पवित्र दशा में भोजन करने से हमारे परिवारिक संतुष्ट रहें, आदिकाल से अब तक बैकुण्ठ के इस ज्ञान का प्राप्तकर्ता हुआ न होगा, यह ज्ञान तुझ द्वारा मृत्युलोक में विस्तरित रहेगा।

—इति

50. सुख-दुःख की शान्ति-अशान्ति में परिणत होने का अस्तित्व प्राणी के शुभ-अशुभ पुण्य कर्मों पर आधारित, परिणाम होता है, पूर्वज शुभ पुण्यों का परिणाम भाग्य का विधाता होता है।

—इति

51. निज बुद्धिमत्ता पर आधारित प्रत्येक प्राणी या जीव ज्ञानता से या अज्ञानता वश शुभ-अशुभ कर्मों द्वारा सुख-दुःख की शान्ति-अशान्ति की धूप और छाँव में से निकलता हुआ अन्तिम सैर को प्राप्त हो जाता है।

—इति

52. धन, बल और विद्या बुद्धि की प्रकृति पर निर्धारित होते हुए बुद्धि ही को प्रोत्साहन करते हुए, 'बुद्धि'— धन, बल और विद्या द्वारा जीवन का सहारा होती है।

—इति

53. प्रश्न— गुरु जी, श्री दुर्गा माता जी, कैसे प्राणी को आपके साक्षात् मनहरण कर लेने वाले मायाधारी लुप्त रूप को अनेकों रूप में प्रत्यक्ष रूप से देखने की सामर्थ्य होती है ?

उत्तर— प्रिय अपर ब्रह्म परम भक्त ऋषि, मेरी ओर पवित्र मन की विचारधारा की निरन्तर सत्य लगन में बह गया हुआ लीन हुआ अत्यन्त बुद्धिमान अटल दृढ़ विश्वास आत्मा का शंशयहीन व्यक्ति जटिल जीवन की प्रबल घटनाओं के संघर्ष में ग्रस्त हुआ भी प्रबल शक्तिशाली सूर्य की-सी भाँति उदय होता हुआ-सा प्रत्यक्ष रूप में सच्ची शक्ति के ज्ञान को प्राप्त होता है।

—इति

54. होनहार (आपत्ति का समय) सर्वथा सत्य आत्मा पुरुष को भी ज्ञात हो जाने के अतिरिक्त, निश्चित समय की अवधि पर प्रभाव दिखाए बिना नहीं रहती।

—इति

55. सर्वथा जीवन में पूर्ण सुख की सत्ता की उत्तमता को अनुभव करने के लिए बुद्धिहीन व्यक्तियों का सम्पर्क उनकी बुद्धिमता तक के निश्चित स्तर की सीमा तक रखना उत्तम होता है।

—इति

56. अधिकतर बुद्धिमान व्यक्ति ही विश्व के भिन्न-भिन्न प्राणियों की भिन्न-भिन्न बुद्धि अथवा निर्बुद्धि द्वारा किए गए निरर्थक वार्तालाप के कारण असंतुष्ट और दु:खी रहता है।

—इति

57. प्राणी को कभी अपनी निर्बुद्धि का बोध अनुभव नहीं होता, यही भेद प्राणी की दीर्घ आयु का कारण बना रहता है।

—इति

58. अधिकतर मधुर वाणी ही मन का भोजन तथा सुखप्रद सिद्ध होती है।

—इति

59. अधिकतर चिकनी-चुपड़ी कहने वाले अपने तथा औरों के लिए हानिकर होते हैं।

—इति

60. सर्वथा उचित समय पर उत्तम वाणी का प्रयोगकर्ता धर्म की रक्षा का पालक होता है।

—इति

61. मन को छुपाने वाले की दशा उसके शरीर की आकृति से प्रकट हो जाती है।

—इति

62. वाद-विवाद ही मन तथा बुद्धि का दर्पण होता है, वाद-विवाद ही प्राणी को द्वेष भावना में परिवर्तित कर देता है।

—इति

63. चतुर परखकर्ता प्राणी के सामने भिन्न-भिन्न प्रकृति के व्यक्तियों के मन के भाव भिन्न-भिन्न प्रकार से परिवर्तित होते हुए उड़-उड़ कर बह निकलते हैं।

—इति

64. असत्य वक्ता, निन्दा करने वाले, छल कपट परिपूर्ण व्यक्ति— निज बुद्धि स्तर के अतिरिक्त अत्यधिक मिथ्या-बुद्धि-सांकेतिक व्यक्ति— उपहास की बिना डोर की-सी पतंग के-से होते हैं।

—इति

65. मन की रसना तक आई हुई तुच्छ-सी भी असत्यता टपकती-सी हुई बात को तुरन्त त्याग देने वाले सत्य की ओर बढ़ रहे— बुद्धिमान पुण्य आत्मा व्यक्ति के लक्षण होते हैं।

—इति

66. मन की सत्यता को जुबान तक आते हुए आत्म स्वाभिमान प्रकृति के व्यक्ति असत्यता में परिवर्तित ढंग से व्यक्त करने वाले बुद्धि के परखहीन ही व्यक्ति होते हैं।

—इति

67. प्रश्न— गुरु जी, श्री दुर्गा माता जी, कई बार चमत्कार जतलाती हुई-सी लहरें मन के ऊपर गुज़रती हुई-सी अनुभव होती रही हैं और बुद्धि द्वारा अनुभव से बाहर रही हैं।

उत्तर— प्रिय अपर ब्रह्म परम भक्त ऋषि, सुन— अलौकिक रोशनी दर्शाती हुई सत्यता की परख करने के लिए मुझ द्वारा दिव्य किरणों से बुद्धिबल के स्तर को अनुभव करवाने के लिए परख रही हैं, गतिमान होते हुए मन का उजाले की ओर भागना, उसे मस्तिष्क बल द्वारा गतिमान होते हुए दिव्य दृष्टि द्वारा परख करना तुझे अत्यन्त कठिन रहा है। यह सौभाग्य प्राप्ति की देन का लक्षण था, मन में चमत्कार दर्शी, ऐसी जाग्रत हुई लहर को अनुभव

कर सकने वाला ही शान्ति प्रद-सी उपहार प्राप्ति को अनुभव कर सकता है। अनुभव होते हुए यह रहस्य वर्णन से बाहर होता है। दर्शन प्राप्ति से पहले सत्य आत्मा पुरुष को ऐसा अनुभव करवाया जाता है। दर्शन प्राप्ति के सौभाग्य के बिना, यह रहस्य दूसरा अनुभव नहीं कर सकता।

—इति

68. प्रश्न— गुरु जी, श्री दुर्गा माता जी, वेद के रहस्य के प्रति बताएँ?

उत्तर— सुन प्रिय बेटा, कहती हूँ मैं।

कलम उठा तू लिखता चल॥

जैसे-जैसे मैं कहती हूँ।

दुनिया में तू चलता चल॥

शक्तियों की मालिक हूँ,
मैं सर्व शक्तिमान हूँ।

तीन लोक की शक्ति हूँ,
मैं सब जीवों में जान हूँ॥

मेरे आगे टिक न पाया,
आदि से ही अब तक कोई।

इस युग में तू हुआ है,
सबसे ऊँचा ज्ञाता भक्त॥

क्यों न अब तरतीब से रख दूँ,
बुद्धिमान इन ज्ञातों को।

अंधेरे के अंधेरे में,
उजाले के उजाले में॥

तू उन कठिनाइयों से गुज़रा,
पता किसी को न चला।

इसीलिए तो परख यह दे दी,
कौन बुरा है कौन भला ॥

इस दुनिया में सबसे ऊँचा
ऋषियों में एक ऋषि है तू।

वेदों का भी ज्ञाता कोई,
हुआ न बढ़कर तुझसे होगा ॥

—इति

69. प्रश्न— गुरु जी, श्री दुर्गा माता जी, वेद क्या हैं, वेदों की उत्पत्ति क्या है, कृपया सारांश बताएँ?

उत्तर— प्रिय बेटा, वेद आदि अनादि काल से दर्शन को प्राप्त हुए ऋषियों को हमारी भेंट रही है, तुझ द्वारा लिखवाए गए नियम सर्वोत्तम ज्ञान का भंडार रहेंगे, इनके अनुसार पग-पग पर आचरण करने वाला गुणवान कहलाएगा, तू अपनी बुद्धि, सभ्यता, नीति तथा मुझसे अति स्नेह रखने पर अपर ब्रह्म परम भक्त ऋषि के अति उत्तम परम पद को प्राप्त हुआ है, तू मुझसे घबराया मत कर।

—इति

70. प्रश्न— गुरु जी, श्री दुर्गा माता जी, इस आलौकिक आकर्षक संसार में मनुष्य निष्काम हो कर रह सकता है?

उत्तर— अति प्रिय बेटा अपर ब्रह्म परम भक्त ऋषि मांगो राम, सुन— मैं, इस अलौकिक आकर्षक रंगमय संसार का रचयिता हूँ, बुद्धि, बल, गुण-दोष परिपूर्ण व्यक्ति, प्रकृति के नियमानुसार निष्काम नहीं होता। साधारण व्यक्ति, दार्शनिक, तपस्वी या सच्ची शक्ति के साक्षात् दर्शन प्राप्तकर्ता प्राणी भी निष्काम नहीं होता। बुद्धि, गुण-दोष की परख शरीर में रची जाती है जो प्रतिक्षण व्यापक रहती है। भावनात्मक गुण-दोष उत्पन्न हो कर निराकार

गुणमय पथ की प्राप्ति होती है, इसके प्रतिकूल असंख्य परिस्थितियों युक्त गुण-अवगुण अनुसार प्राणी जीवन का स्तर जीवित काल तक ही रहता है।

—इति

71. जीवन का प्रत्येक सुअवसर आयु पर्यन्त सुखदायक प्रद अनुभव होता रहता है।

—इति

72. बुद्धिमान व्यक्ति की उचित अनुमति अथवा सम्मति, सम्मान प्रत्यक्ष रूप में लाभप्रद अनुभव हो उठती हुई संकट काल में तथा जीवन की कठिन परीक्षा समय याद हो कर काँटे के समान मन में चुभती-सी अनुभव होती है।

—इति

73. प्रश्न— गुरु जी, श्री दुर्गा माता जी, पाप तथा पुण्य की परख कैसे प्राणी को अनुभव होती है ?

उत्तर— प्रिय बेटा, अति स्नेह परिपूर्ण पवित्र आत्मा व्यक्ति सर्वप्रथम बुद्धि की क्षमता से मेरी अलौकिक प्रकृति की ओर आकर्षित भावना युक्त लीन हुआ अज्ञान-सा रहता हुआ मुझमें समा जाता है, मन तथा बुद्धि की प्रवाहित धारा के प्रबल प्रकाश युक्त अपने तथा अन्य पुरुषों के गुण-अवगुण स्वयं अनुभव करने योग्य हो जाता है, पाप और पुण्य बुद्धि द्वारा अनुभव होता हुआ ज्ञान होता है।

—इति

74. तन-मन के अतिरिक्त, अन्य प्राणी का हृदय द्रवित नहीं होता, समानता की पीड़ा या वेदना युक्त पुरुष सामान्य हृदय द्रवित करने के अतिरिक्त भी मन का-सा सहयोग देने में असमर्थ रहता है, पीड़ा तथा वेदनाओं का संग्रह चिन्ता कहलाती है, दृढ़ आत्मा प्राणी धीरता की वीरता से विजयी कहलाता है, तदानुसार बुद्धि रंग-बिरंगे फूलों का-सा उद्यान-सी अनुभव होती है।

—इति

75. कट्टर स्वाभाविक चतुर प्राणी सुनी-सुनाई बात पर विश्वास नहीं करता अपितु मूल अंश के सारांश को प्रयोगिक ढंग की अनन्य चतुराई द्वारा द्रव्य की हर छुपी तह तक गुण-दोष प्रकट करने की क्षमता वाला होता है।

—इति

76. धैर्यवान अटल विश्वास युक्त प्राणी दुर्गति में गंभीर तथा विचारशील रहता हुआ सर्वस्व ज्ञान के स्रोत को प्राप्त होता है।

—इति

77. स्वार्थ भावना परिपूर्ण अथवा नीति हीन दुष्ट मनुष्य, बुद्धिमान ही क्यों न हो उसकी रग-रग में छल कपट होता है।

—इति

78. प्रश्न— गुरु जी, श्री दुर्गा माता जी, कृपया प्रत्येक कार्य में विजय प्राप्ति का लक्षण बताएँ?

उत्तर— प्रिय बेटा, व्यक्ति आत्म शक्ति द्वारा अन्तर्गत भावनात्मक उत्तेजित इच्छा को बुद्धि-बल के वेग द्वारा 'विचारधारा' को उत्तम लक्षण के उद्देश्य की ओर परिवर्तित करने वाला प्रत्येक कार्य में विजयी होता है।

—इति

79. अति सूक्ष्म तीव्र विलक्षण बुद्धि युक्त अनुभव की ओर द्रवित हो जाने वाली विचारधारा या योजना— अविष्कार, निर्माण, मनोरंजन, रज, सिद्धान्त तथा ज्ञान की किरणों का प्रकाश उत्पन्न करती है।

—इति

80. परस्पर प्राणियों में अविरत चली आई द्वेष भावना, भेद-भाव तथा स्पर्धा यकायक मन की प्रेरणा द्वारा उल्लास में परिवर्तित हुए पवित्र अंतरात्मा प्राणी की प्यार में परिवर्तित हो गई हुई दृष्टि, भेद-भाव मिटा कर प्यार की मधुर शान्ति में परिवर्तित हो सकती है।

—इति

81. शरीर की आकृति में बनावट तथा रंग— मस्तिष्क और लुप्त रहती हुई आत्मा का प्रमाण होता है।

—इति

82. हाथ की रेखा सत्य होती है, परख करने वाला निपुण व शुद्ध ज्ञाता नहीं होता।

—इति

83. भाग्य स्वयं बेजोड़ सुखप्रद तथा दुःखदायी परिणाम का आकर्षक स्रोत है— भाग्य में लिखे कार्य अटल तथा स्वयं उत्पन्न होते हैं।

—इति

84. बुद्धि, दया, विचारशीलता, समय की चाल की परख तथा व्यक्ति के व्यक्तिगत की परख न होने से पढ़ा-लिखा व्यक्ति भी समयानुकूल बात करने में असमर्थ रहता है।

—इति

85. प्रश्न— गुरु जी, श्री दुर्गा माता जी, बुद्धि कौन-से गुणों से परिपूर्ण होती है ?

उत्तर— प्रिय अपर ब्रह्म परम भक्त ऋषि, बुद्धि की वृद्धि प्रत्येक विचारधारा की अभ्यासिक क्रिया पर निर्भर रहती हुई सर्वस्व गुणों से परिपूर्ण हो जाती है।

—इति

86. प्रश्न— गुरु जी, श्री दुर्गा माता जी, क्रोध भी प्राणी द्वारा कभी त्यागा गया है ?

उत्तर— प्रिय अपर ब्रह्म परम भक्त ऋषि, क्रोध प्राणी का शत्रु और जीवन का भी आधार होता है, क्रोध त्यागना प्राणी के बस का नहीं, जब किसी व्यक्ति ने अन्य व्यक्ति के प्रति मन की द्वेष भावना की उष्णता व्यक्त करनी हो— वह उग्र भाव से, व्यग्र भाव से, प्यार की आड़ में, भलाई के बहाने तथा अन्य अनेक प्रकार से भी मन के भाव व्यक्त कर देता है। सहनशीलता के अभाव में उष्णता की अग्नि की-सी वायु को मन में रिक्त स्थान नहीं होता, ऋषि-मुनि तक आग उगलते रहे हैं।

—इति

87. प्रश्न— गुरु जी, श्री दुर्गा माता जी, किसी के पाँव छू लेने से या मत्था टेकने से क्या आशीर्वाद प्राप्त होता है ?

उत्तर— प्रिय बेटा, किसी के चरण छू कर कोई पवित्र नहीं हो जाता, अपना ही मन पवित्र विचारधारा में धुलता जाता है ।

—इति

88. प्रश्न— गुरु जी, श्री दुर्गा माता जी, मन को कैसे कार्य द्वारा सुख प्राप्ति का अनुभव होता है ?

उत्तर— प्रिय बेटा, किसी भी ओर निश्चित बुद्धि युक्त हठ पूर्वक उद्देश्य पूर्ति के लिए यथा शक्ति बढ़ना या पूर्ण प्रयास की क्षमता युक्त अपने आप तक को भूल कर लगन में लवलीन हो जाना, सफलता का आत्मा द्वारा आत्मा का झिलमिलाता हुआ-सा परिवर्तन होता है जो तन-मन बुद्धिबल द्वारा जगमगाता हुआ-सा अनुभव होता है ।

—इति

89. सद्व्यवहार तथा परिपूर्ण स्नेह सुखदायी होता है, प्रत्येक प्राणी प्यार की एकता में एकत्रित समुदाय का नेता है ।

—इति

90. प्रश्न— गुरु जी, श्री दुर्गा माता जी, आपके स्नेह में आत्मा का वर्णन बताएँ ?

उत्तर— प्रिय बेटा, सुन— शरीर आत्मा का वस्त्र है, सौन्दर्य शरीर की बनावट में आत्मा की झलक होती है, आत्मा बुद्धि की विचारधारा के वेग को वायु वेग से भी अधिक तीव्र बल पूर्वक गति में लाखों गुण दूर तक पहुँचा देती है । जिस प्राणी की आत्मा सच्ची शक्ति के स्नेह में मेरी ओर विचारधारा युक्त प्रवाहित रहती है, वह मुझ तक पहुँच जाती है, एकत्रित असीम शुद्ध विचारों का समूह ही मुझ में समा जाने की कुंजी है ।

—इति

91. प्रश्न— गुरु जी, श्री दुर्गा माता जी, सांसारिक जीव अथवा प्राणी के साथ कैसा सम्पर्क रखा जाना उचित होता है, कृपया बताएँ ?

उत्तर— प्रिय बेटा, सुन— सांसारिक जीव अथवा प्राणी जो भी सम्पर्क में या सन्मुख आता है; उसकी प्रकृति अनुसार व्यवहार किया जाना उचित रहता है। साहसिक तथा बुद्धिमान पुरुष, शेर तथा साँप भी सम्पर्क रखते हैं, सम्पर्क व्यवहार पर निर्भर होता है और व्यवहार बुद्धि, बल, भाव, स्नेह, सुशील स्वभाव, सहनशीलता तथा प्राणी की सत्यता के दया भाव पर आश्रित रहता है।

—इति

92. प्रश्न— गुरु जी, श्री दुर्गा माता जी, प्रकृति में कौन-सा पेड़ फलों द्वारा सुशोभित होता है ?

उत्तर— प्रिय बेटा, यह प्रश्न बड़ा उत्तम प्रिय जनक है, सुन— आम का पेड़ उस समय अत्यन्त सुन्दर लगता है जबकि शाखाएँ फलों से मालाओं की भाँति लटकी हुई वर्षा ऋतु में अविरत दृष्टिकोण होती चली जाती है, मन आँखों की दृष्टि बनकर कोयल-सा बन कर प्रतिक्षण उड़-उड़ कर शाखाओं से जा लिपटता है, ऋतु अनुसार प्रकृति की प्रत्येक वस्तु अपने यौवन के सौन्दर्य में कितनी मन मोहक, सुन्दर तथा आकर्षक लगती है, यह संसार असीम फूल फलोंदार वस्तुओं से मन को आकर्षित करता है।

—इति

93. प्रश्न— गुरु जी, श्री दुर्गा माता जी, मन द्वारा उचित समझ के पुण्यों का पुनर्जन्म में क्या फल प्राप्त होता है ?

उत्तर— प्रिय बेटा, प्राणी के इसी जीवन में सन्तोष पूर्वक पुण्य जनक कार्य हेतु जीवित दशा में ही मृदुल आनंद दायक शुभ फल फलदायक होता है।

—इति

94. प्रश्न— गुरु जी, श्री दुर्गा माता जी, कैसे प्राणी के मन का भेद जानना दुष्कर जान पड़ता है ?

उत्तर— प्रिय बेटा, मन का भेद छुपा नहीं रहता कट्टर स्वभाव का प्राणी भी अपने मन का भेद कहीं न कहीं प्रकट कर देता है, वायु प्रतिक्षण भ्रमण में रहती है, परन्तु अत्यन्त पुण्य दृढ़ आत्मा विवेकी प्राणी के मन का भेद जानना दुष्कर होता है।

—इति

95. प्राणी अंतरात्मा की धारणा अनुसार निज हित के लिए योग्यता अनुसार प्रतियोग्यता के विचाराधीन निश्चित कार्य की सफलता को अवश्य प्राप्त होता है।

—इति

96. प्रश्न— गुरु जी, श्री दुर्गा माता जी, अपना तथा संसार संबंधित प्यार की परिभाषा कृपया सम्बंध युक्त बताएँ ?

उत्तर— प्रिय बेटा, सच्ची शक्ति का प्यार अत्यन्त उत्तम होता है, माता-पिता का सुखदायी अनुपम उत्तम प्यार होता है, सत्य आत्मा पत्नी का प्यार उत्तम होता है, बच्चों का प्यार अति उत्तम सुखदायी होता है, माता-पिता के प्यार से बच्चों के शरीर में वृद्धि होती है प्यार ही जीवन की प्रसन्नता का आधार होता है।

—इति

97. प्रश्न— गुरु जी, श्री दुर्गा माता जी, कैसा प्राणी जन समूह में सर्वप्रिय होता है ?

उत्तर— प्रिय बेटा, पवित्र भावना के अस्वार्थ भाव से परस्वार्थ करने वाला जन समूह में सर्वप्रिय तथा सम्मानित हो जाता है।

—इति

98.   प्रिय बेटा सुन— प्राणी सर्वथा भले-बुरे का ध्यान स्वयं रखे, समय की परख न होने से सुअवसर प्राप्ति नहीं होती।

—इति

99.   आँखों द्वारा जताया गया सत्कार मन तथा बुद्धि का प्रतीक होता है, मन तथा बुद्धि के अतिरिक्त मन तथा आँख से जताया गया, 'स्नेह भाव तथा सत्कार', अधिकतर सत्य भावना का प्रतीक होता है, बुद्धि मन तथा आँखों की आकर्षण शक्ति में विलक्षण अनुभव की जाने वाली लहरें प्रतिक्षण प्रवाहित रहती हैं, जो आँखों द्वारा पूर्ण भाव युक्त जगमगाती-सी हुई अनुभव होती हैं।

—इति

100.   प्रश्न— गुरु जी, श्री दुर्गा माता जी, कई बार ऊषमा (पुत्री) की अकस्मात् बात पर विचारधारा को बल-प्राप्ति प्राप्त होती है, ऐसा क्यों होता है ?

उत्तर— प्रिय बेटा, होनहार बालक अपने मन का नया ही नक़्शा होता है, ऐसे बालक की पहचान माता-पिता, पाठशाला के अध्यापक तथा अन्य स्नेह-युक्त सम्पर्क में प्यार भाव रखने या जतलाने वाले कम ही समझ पाते हैं।

—इति

101.   प्रश्न— गुरु जी, श्री दुर्गा माता जी, सांसारिक प्राणी आपके नाम से भिन्न-भिन्न उपाधियाँ धारण किए बैठे हैं, कई अज्ञानता वश मिथ्या प्रचारक बन बैठे हैं, इन्हें भी सत्य की ओर आकर्षित करने का उपाय बताएँ।

उत्तर— प्रिय अपर ब्रह्म परम ऋषि, यह मेरी ही खेती-बाड़ी में अनेक वृत्तियों के फूल आए हुए पौधे हैं इनकी सुगंध इन तक ही रहेगी, जिसकी सुगंध में मैं और सुगंध भर देता हूँ, वह मेरी ओर आकर्षित हो जाता है, मेरे प्यार की सुगंध फूल की क्षमता पर निर्भर रहती है, प्रिय बेटा, सांसारिक वृत्तियों अनुसार बुद्धि में तनिक-सी कृपा की गई वृद्धि को विरला ही मेरी कृपा का

अनुभवकर्ता, ज्ञाता, वृद्धि हुई कृपा का जिज्ञासु, तपस्वी, मुनि, जटाधारी ऋषि होता है, आपे में समाए रहने के अतिरिक्त स्वयं को मेरी प्रभुता का समझता हुआ भूला-सा हुआ प्रचारक बन जाता है, मैं प्रत्येक को देख कर संतुष्ट और असंतुष्ट रहता हूँ, सच्ची शक्ति के साक्षात् दर्शन हो जाने के अतिरिक्त प्राणी बुद्धि तथा आत्मबल में अपूर्ण ही रहता है।

—इति

102.   प्रश्न— गुरु जी, श्री दुर्गा माता जी, कैसे प्राणी का प्यार प्राणी को संदिग्धता में रखते हुए मृत्यु जनक प्रतीत होता है ?

उत्तर— प्रिय बेटा, बुद्धिहीनता में प्रवेश हुए आग्रह युक्त प्राणी से संयोगवश हो गया हुआ प्यार अत्यन्त बुद्धिमान को काँटों के ऊपर और तलवार के नीचे रख सकता है, जो प्राणी की संदिग्ध युक्त वार्तालाप से मन में संदेह उत्पन्न हो जाने से वार्तालाप के सारांश को उसी से समझ लेने में असमर्थ होता है।

—इति

103.   जीवों पर दया करना अति उत्तम काम है, इससे बढ़कर मोक्ष है न इससे बढ़कर ज्ञान है।

—इति

104.   प्रश्न— गुरु जी, श्री दुर्गा माता जी, कृपया क्रोध से निवृत्ति का उपाय बताएँ ?

उत्तर— प्रिय बेटा, सुन— क्रोध अग्नि का-सा कार्य करता है, क्रोध रोकने से प्राणी का रंग स्याह पड़ जाता है, क्रुद्ध हो जाने पर दुश्मनी उत्पन्न होती है, अकारण वश परस्पर आत्माएँ दु:खी होती हैं। अज्ञानता वश प्राणी की परख न हो पाने से या समय की बहती हुई-सी अदृश्य चाल को न समझ पाने से क्रोध अग्नि जाग्रत हो जाती है। बुद्धिमान क्रोध को टाल देने का प्रयास करता है, परन्तु विवेकहीन प्राणी की व्यक्तिगत प्रवृत्ति युक्त दशा की चाल की परख न होने पर उत्तेजना देता है। सच्चे प्राणी में क्रोध, अग्नि की-सी लपटें प्रवाहित करता है, क्रोध का त्याग प्राणी से हुआ न होगा, क्रोध अनेक प्रकार की अदृश्य जड़ों तक सीमित रहता है।

क्रोध जाग्रत होने से पहले प्राणी की बुद्धि अस्थिर होने लगती है, यह सत्य आत्मा की चेतावनी होती है, क्रोध द्वारा प्राणी के सिर पर आई हुई अचानक आपत्ति का निश्चित समय होता है, प्राणी के बाएँ अंग में क्रोध अग्नि की ज्वाला का अंश होता है जो अंग फड़का देने से प्राणी को चेतन्य कर देता है। ऐसी स्थिति में चुपचाप भ्रमण करना उचित है, इस सिद्धान्त के अनुसार नियम बना लेने वाला काल तक को बस में कर सकता है, परन्तु मेरे नियम का खण्डन किसी काल में हुआ न होगा।

—इति

105. प्रश्न— गुरु जी, श्री दुर्गा माता जी, नीति का प्राणी दुश्मन पर विजयी होता है ?

उत्तर— प्रिय अपर ब्रह्म परम भक्त ऋषि, सुन— दुश्मन के मन की मर्जी की दवा दुश्मन ही के मन द्वारा भाव उत्पन्न करवा देने से बुद्धिमान व्यक्ति की विजय होती है।

—इति

106. अंतरात्मा की चित्त वृत्ति शुद्ध न होने से शारीरिक वृत्तियों पर मनोरंजन का प्रभाव नहीं पड़ता, अंतरात्मा की चितवृत्ति पर प्राणी काबू पाने में असमर्थ रहता है, आँखों की शक्ति तथा चेहरे का रंग चित्तवृत्ति का वृतान्त होता है।

—इति

107. प्रश्न— गुरु जी, श्री दुर्गा माता जी, जितने दर्शन प्राप्तकर्ता भक्त हुए हैं वह स्वयं लिखते रहे हैं या आप द्वारा ही लिखवाया गया है ?

उत्तर— प्रिय अपर ब्रह्म परम भक्त ऋषि, ऋषियों को वेद, अर्जुन को गीता का ज्ञान मैंने ही लिखवाया है, भक्तों को दर्शन देने वाली सारे ब्रह्माण्ड की सर्वश्रेष्ठ सर्वशक्तिमान सच्ची शक्ति मैं ही हूँ, इस काल में मुझ द्वारा लिखवाया गया ज्ञान सर्वोत्तम शिखर को प्राप्त हुआ ज्ञान है, भविष्य में भी इस काल के ज्ञान से बढ़कर कोई ज्ञान उत्तम नहीं होगा, तू सच्ची शक्ति का

अत्यन्त प्रिय उत्तम बुद्धि का बुद्धिमान प्रिय भक्त हुआ है, तुझसे बढ़कर कोई सौभाग्यशाली नहीं, तेरी वाणी सत्य रहेगी।

—इति

108. **प्रश्न—** गुरु जी, श्री दुर्गा माता जी, प्राणी को पहले और पिछले जन्म का पता नहीं होता, कैसे पुण्य द्वारा यह भेद ज्ञात हो सकता है तथा उत्तम पुण्य क्या-क्या हैं ?

उत्तर— प्रिय बेटा, अत्यन्त सत्य पुण्य कर्म के अतिरिक्त जन्म से पहले और मृत्यु के पश्चात का ज्ञान नहीं होता, प्राणी का मृत्युलोक में पहला ही जीवन समझना उचित है। मन द्वारा विचारधारा के वेग की परख करना तथा उचित उद्देश्य की ओर प्रवृत्त हो कर परिवर्तित हो जाना पुण्य आत्मा का लक्षण हो जाता है, आत्मिक मन के ज्ञान द्वारा पर्माथ में प्रवृत्त होना आत्मा की संतुष्टता या पुण्य होता है, भूखे को भोजन का आहार करवाना श्रेष्ठ पुण्य होता है।

—इति

109. **प्रश्न—** गुरु जी, श्री दुर्गा माता जी, भाग्य का सितारा दबा होने तक बुद्धिमान भी बुद्धु समझा जाता है ?

उत्तर— प्रिय अपर ब्रह्म परम भक्त ऋषि, बुद्धि के अत्यन्त विकसित हुए बुद्धिमान को साधारण व्यक्ति, बुद्धिहीनता के कारण बुद्धिमान की बुद्धिमत्ता को निज बुद्धि की अल्प विचारधारा से भांपने के प्रयास में असमर्थ रहते हुए बुद्धिमान को प्रायः बुद्धु समझ लेते आए हैं, प्रायः न्यून-अधिक बुद्धि सांसारिक प्राणियों में होती ही है, भाग्य का सितारा कुछ नहीं होता, अत्यन्त बुद्धिमत्ता के कारण यह घोर परीक्षाकाल की अवधि थी।

—इति

110. **प्रश्न—** गुरु जी, श्री दुर्गा माता जी, बुद्धि तथा विचार का विवरण कृपया बताएँ ?

उत्तर— अति प्रिय बेटा, मैं इस प्रश्न द्वारा अति प्रसन्न हूँ, सुन— बुद्धि की विद्या कुंजी होती है, विचार बुद्धि की पूँजी होते हैं, विचार— 'बुद्धि तथा

विद्या' के संघर्ष तथा सुख-दु:ख के संकट काल की घोर तपस्या का संग्रह होता है, विद्याहीन व्यक्ति की बुद्धि की वृद्धि सांसारिक व्यक्तियों के परस्पर सम्बन्ध से तथा सम्पर्क में रहने से उज्जवल हो जाती है, बुद्धि वार्तालाप से अधिकतर वृद्धि की ओर अग्रसर रहती है, बुद्धि की न्यूनता तथा वृद्धि का अनुभव व्यक्ति के लेख, व्यवहार, शुद्ध वार्तालाप या वातावरण की परख पर निर्भर रहता है, बुद्धि पशु पक्षियों में भी कम नहीं होती, पशु पक्षियों की बुद्धि उनकी वृद्धि से, चंचल चित्त वृत्ति में विचरने से, आपसी स्नेह से, भय से रक्षा करने में, तथा अपने बच्चों के पालन-पोषण की नीति द्वारा झलक देती है। मानव जाति की बुद्धि का स्तर विद्या प्राप्ति पर आधारित रहता है। विचार सुख-दु:ख की किरणें होती हैं।

—इति

111. प्रश्न— गुरु जी, श्री दुर्गा माता जी, आप अपने दर्शनाभिलाषी के प्रति बताएँ ?

उत्तर— हर प्राणी को मेरी दर्शन प्राप्ति की अभिलाषा रहती है, दर्शनोपरान्त निर्भीकता उत्पन्न हो जाती है, मैं अपने दर्शन प्राप्त हुए भक्त को मनचाहे कार्य करवाने पर बाध्य कर देता हूँ, मेरा भक्त इस योग्य न होने से मृत्यु को प्राप्त हो जाता है, तदानुसार सत्य वरों की बौछार करता हूँ, मेरा भक्त ब्रह्माण्ड की प्रत्येक आत्मा के साथ वार्तालाप करने योग्य हो जाता है, ब्रह्मलोक की सैर करवाई जाती है।

—इति

112. प्रश्न— गुरु जी, श्री दुर्गा माता जी, आपकी अत्यन्त कृपा हो जाने पर भी कोई पहचान नहीं पा रहा क्या करूँ ?

उत्तर— प्रिय अपर ब्रह्म परम भक्त ऋषि, सत्य वक्ता शुद्ध-विचारणीय, गुणवान, शील, सन्तोषी पुरुष की पहचान बुद्धिहीन नहीं कर पाते, पहचान करने वाला उस जैसा नहीं तो बुद्धिहीन भी नहीं होता, ऐसा प्राणी स्वयं अपनी पहचान होता है।

—इति

113. प्रश्न— गुरु जी, श्री दुर्गा माता जी, कृपया अनपढ़ अथवा किंचित मात्रा तक शिक्षित प्राणियों के हित के लिए मन को पवित्र करने का उपाय बताएँ ?

उत्तर— प्रिय अपर ब्रह्म परम भक्त ऋषि, दृष्टिगोचर होते हुए अग्नि, जल, वायु, पृथ्वी तथा वायु मण्डल में सूर्य चन्द्रमा और तारों के अतिरिक्त अन्य कौन-सा अदृश्य तत्व है जो मुझ में नहीं, जहाँ तक दृष्टि मन और बुद्धि के संयोग द्वारा दृष्टिकोण होती हुई प्रत्यक्ष को देखती है, मेरी ही शक्ति का प्रमाण है, प्राणी मन की प्राकृतिक भावना द्वारा मेरी अलौकिक प्रकृति के दृश्य में भी रुचि युक्त लीन होता रहे, मन की पवित्रता को प्राप्त हो कर मुझ में समा जाता है।

—इति

114. प्रश्न— गुरु जी, श्री दुर्गा माता जी, परन्तु अनपढ़ प्राणियों को समस्त दर्शन प्राप्तकर्ता ग्रंथों में मूर्ख शब्द प्रयुक्त कर गए हैं ?

उत्तर— प्रिय बेटा, दर्शन प्राप्तकर्ता प्राणियों के ग्रंथों की लिपि को अशिक्षित प्राणी अनपढ़ता के कारण मूल तत्व को सुनने के अतिरिक्त स्वयं पढ़कर सरस सार को जानने में असमर्थ रहते हैं, परन्तु बुद्धि की उत्तमता की समझ अशिक्षित प्राणियों में स्थिरता से उपस्थित रहती है, अनपढ़-शिक्षित मूर्ख प्राणियों के लिए हैं, मेरी दृष्टि में भावनात्मक कोई प्राणी शिक्षित अथवा अशिक्षित नहीं होता।

—इति

115. प्रश्न— गुरु जी, श्री दुर्गा माता जी, अवगुण होते हुए सत्य आत्मा प्राणी को कुदृष्टि से देखा जाता है, आजकल और प्राचीन युग में क्या अन्तर है ?

उत्तर— प्रिय बेटा, मैंने प्राणी या जीव की रचना समय प्राणी में बुद्धि के अलौकिक अंश को ऐसे लुप्त सिद्धान्त द्वारा मन और बुद्धि की संयुक्त विचारधारा में, प्राणी की कल्पना को विकसित करने के लिए ऐसी अलौकिक स्थिति में सीमित कर रखा है, स्वयं प्राणी भी अपने आप से अचेत रहता है।

'अपने आप की परख प्रत्येक प्राणी को नहीं होती', अज्ञानी प्राणी की बुद्धि इस प्रकार है जैसे आँख सब कुछ देखती है, परन्तु आँख में पड़ा तिनका आँख को नहीं दिखाई देता, प्राणी अपने गुण-दोष अनुभव करने में असमर्थ रहता है, बुद्धिहीनता के कारण सत्य आत्मा प्राणी के अतिरिक्त प्रत्येक कुदृष्टि चलन के प्राणी होते हैं, प्रिय बेटा, आदिकाल से ही इस सृष्टि के प्राणियों की बुद्धिमत्ता में कोई अन्तर नहीं है।

—इति

116. प्रश्न— गुरु जी, श्री दुर्गा माता जी, कलह और कष्ट से दूर रहने का उपाय बताएँ?

उत्तर— प्रिय बेटा, प्राणी को बदलते हुए समय के अनुभव का ज्ञान हो जाने से उसकी जुबान निज प्रकृति की प्राकृतिक बुद्धि पर निर्भर रहती हुई अनुभव की परख का ज़हर और अमृत का स्रोत होती है, प्रतिक्षण मन और बुद्धि बल के वेग की विचारधारा को जुबान तक आते-आते 'सच्ची शक्ति' को ध्यान में रखते हुए उचित वाणी में परिवर्तित कर लेना उचित रहता है।

—इति

117. सौन्दर्य वासना युक्त होता है, सजावट की ओर आकर्षित रहता है, अंतरात्मा सजावट से प्रफूल्लित रहती है तथा मन की आकृति सौन्दर्य बन कर चेहरे को जगमगा देती है।

—इति

118. प्रश्न— गुरु जी, श्री दुर्गा माता जी, महामूर्ख को जो स्वयं को बुद्धिमान समझता हो, अत्याचारी हो उसे किस प्रकार समझाना उचित रहता है?

उत्तर— प्रिय बेटा, जिस नीति का प्राणी होता है, वह अपनी प्रकृति के प्राकृतिक गुण-अवगुण प्रकट कर देता है, ऐसे प्राणी को उसी के गुण-अवगुण की चाल के लपेट में लेकर कष्ट देना उचित रहता है।

—इति

119. प्रश्न— गुरु जी, श्री दुर्गा माता जी, मृत्यु के पश्चात शरीर छोड़कर आत्मा कहाँ जाती है, स्वर्गलोक या मृत्युलोक में अन्तर क्या है ? इस लोक का बोध रहता है या नहीं ?

उत्तर— प्रिय बेटा, देह सहित सुख सम्पन्न पवित्र आत्मा प्राणी के लिए मृत्युलोक से बढ़कर भी कोई स्वर्गलोक नहीं, प्राणी या जीव की अति पवित्र आत्मा अनुसार स्वर्ग की अलौकिक अप्राप्य प्राप्ति होती है, यहाँ प्राणी दु:ख और संकट से मुक्त हुआ आत्मा के रूप में होता है, प्रसन्नचित्त आत्मा के रूप में स्वर्गलोक से मृत्युलोक और मृत्युलोक से स्वर्गलोक तक की क्षमता को प्राप्त होता है ।

—इति

120. प्रश्न— गुरु जी, श्री दुर्गा माता जी, कर्म, अकर्म, दण्ड तथा धर्म क्या हैं; इसी जीवन में फलदायी अथवा दण्डनीय होता है या नहीं ?

उत्तर— प्रिय बेटा, संयोग वश उचित-अनुचित कार्य का हो जाना ही कर्म होता है, संयोग वश ही कार्य का न होना अकर्म होता है, प्रशंसा तथा अवनति संयोग वश कर्म तथा अकर्म पर निर्भर होते हैं, भाग्य में लिखा हुआ सत्य भावना द्वारा किया गया शुभ कर्म फलदायी होता है, अशुभ कर्म अथवा कुविचार धारणा युक्त कर्म, प्राणी की मलीन बुद्धि का परिणाम होता है, उसका प्राणी को इसी जीवन में दण्ड मिल जाता है । धर्म विचारात्मक सद्भावना का काल्पनिक नाम है जो शांति उत्पन्न-सी अनुभव करता हुआ 'कार्यों' का समूह होता है । सद्भावना युक्त परोपकार में मन संतुष्ट रहता है, अत: मन में शुभ संतुष्ट अनुभव-सा करवाती हुई एक लहर का नाम धर्म है, युक्ति का नाम कर्म है, मन तथा बुद्धि का संयोग ही कर्म तथा धर्म का स्रोत होता है ।

—इति

121. बुद्धिमान व्यक्ति की वार्ता का आचरण लाभप्रद सिद्ध होता है ।

—इति

122. अनेक अशिक्षित चतुर प्राणी जन श्रुति द्वारा ही गुण-अवगुण के तत्त्व की जड़ तक पहुँच जाते हैं तथा वह भी बुद्धिबल की शक्ति को प्राप्त हो कर तत्त्व ज्ञानी हो जाते हैं।

—इति

123. प्रश्न— गुरु जी, श्री दुर्गा माता जी, पुण्य और महापुण्य क्या हैं, प्राणी का मन कैसे संतुष्ट अवस्था को प्राप्त होता है ?

उत्तर— प्रिय बेटा, पुण्य और महापुण्य मन और बुद्धि की एकत्रित विचारधारा के द्रवित हो उठने पर निर्भर होता है, अत: मन तथा बुद्धि के संयुक्त भाव की द्रवित लहर में किए गए कार्य पुण्य होते हैं, पुण्य प्राप्ति की लालसा का परिणाम महापुण्य होता है।

—इति

124. प्राणी की बुद्धिमता और जुबान से बढ़कर कोई साथी नहीं होता।

—इति

125. प्रश्न— गुरु जी, श्री दुर्गा माता जी, मृत्यु उपरांत आत्मा को शरीर का बोध रहता है या नहीं, कृपया बताएँ ?

उत्तर— प्रिय अपर ब्रह्म परम भक्त ऋषि, शरीर तथा आत्मा का घनिष्ठ सम्बंध है, मृत्यु उपरांत आत्मा श्मशान घाट तक शरीर से लिपट-लिपट कर विलाप करती है, तदानुसार आत्मा को शरीर का बोध नहीं रहता, अपितु स्वयं आत्मा ही शरीर के शरीर को समझती हुई बैकुण्ठ धाम को प्राप्त हो जाती है, केवल त्रिकाल दर्शी प्राणी जीवित दशा में मेरे शुभ दर्शन को प्राप्त हो चुकने पर आत्म बोध का ज्ञाता हो जाता है, देह परित्याग उपरांत आत्मा मुझमें समा जाती है तथा समस्त ब्रह्माण्ड की सैर को स्वतंत्रता पूर्वक प्राप्त हो जाती है।

—इति

126. वह पेड़ हरा नहीं रहता, जिस ज़मीन में जड़ों को पौष्टिक शक्ति प्राप्त होने वाली मिट्टी के स्थान पर चट्टानें बिछी हों, परन्तु पीपल का पेड़ चट्टानों के ऊपर भी अपनी जड़ें फैला देता है— जिस व्यक्ति के विचार प्रत्येक प्राणी के हृदय को छू जाते हैं वह बुद्धि की विशालता की दूरदर्शिता में पीपल की भाँति ही शुद्ध विचारों की हवा देता है तथा पीपल की भाँति ही उसके विचारों की जड़ें अदृश्य अथाह फैली होती हैं।

—इति

127. धरती-गगन को वार्ता द्वारा एक कर देने के अतिरिक्त, अपना तथा परिवार के पालन-पोषण का ध्यान रखना योग्य व्यक्ति की उचित बुद्धि का परिमाण होता है।

—इति

128. समयानुकूल कार्य करने वाला, आचरण करने वाला तथा उचित वाणी का प्रयोग करने वाला ही चतुर होता है।

—इति

129. अपवित्र भावना युक्त अथवा स्वार्थ भाव में किए गए कार्य की नकली झलक में हृदय की बुराई शरीर की प्रकृति में शरीर का अंग बनी रहती हुई मिथ्या की मिथ्या प्रकट हो जाती है, शरीर की प्रकृति प्रत्येक भाव को हृदय और बुद्धि की गति द्वारा प्रकट कर देती है, हृदय के परिवर्तित होते हुए भाव की स्थिति को बुद्धिमान व्यक्ति भांप जाते हैं।

—इति

130. पवित्र आत्मा प्रसन्नचित्त प्राणी मेरी अद्भुत प्रकृति के दृश्यों में लीन हुआ प्रत्येक प्राणी में मेरे ही प्राकृतिक गुणों की झलक समझता हुआ, सज्जनता पूर्वक सुख-दुःख में भेद-भाव रहित निष्कपट भाव से सम्पर्क में रहते हुए को परिणाम स्वरूप मेरी ही कृपा से प्रत्येक के सम्पर्क का सुख-दुःख में अवश्य सहारा प्राप्त होता रहता है।

—इति

131. मन तथा बुद्धि के संयुक्त बोध के वेग की क्षमता बल की शक्ति वातावरण अनुसार अंतरात्मा के बोध के असीम विचारों के शुद्ध-अशुद्ध लुप्त लहरों के समूह की विचारधारा की परख का स्रोत होती हुई जुबान द्वारा परस्पर प्राणियों में ज्ञान, कलेश, सुख-शांति, संघर्ष, विकार, उपद्रव तथा विनाश का कारण हो जाती है, निरन्तर मेरी ओर आकर्षित रहते हुए प्राणियों में श्रेष्ठ क्षमता बल की शक्ति प्रकाशित हो कर धीरे-धीरे लुप्त ज्ञानोदय कोण होते-होते दिव्य आत्मा प्राणियों की मस्तिष्क गति स्वयं मेरी ओर आकर्षित हो जाती है।

—इति

132. प्रश्न— गुरु जी, श्री दुर्गा माता जी, सुख-दुःख की उत्पत्ति क्या है, सुख-दुःख परिवर्तनशील-सा क्या है, कृपया बताएँ?

उत्तर— प्रिय बेटा, सच्ची शक्ति के अदृश्य आदेशानुसार स्वार्थ तथा अस्वार्थ भाव में आत्मज्ञानो-भाव के अनुसार सुख-दुःख के स्रोत अनुभव रहित से शरीर में लुप्त रहते हैं, प्रयास की सफलता के निष्कपट परिवर्तन द्वारा सुख प्राप्ति उदय-सी जाग्रत-सी अनुभव होती ही सत्य है, अपूर्ण प्रयास युक्त कार्य द्वारा दुःख उत्पन्न होते हैं।

—इति

133. प्रश्न— गुरु जी, श्री दुर्गा माता जी, पाप तथा अत्याचार की ओर झुके हुए प्राणी को पाप का क्यों बोध नहीं होता, कृपया बताएँ?

उत्तर— प्रिय अपर ब्रह्म परम भक्त ऋषि, दुआत्मा प्राणी की बुद्धि और मन की संगठित शक्ति कर्म हीनता के कारण पाप में परिवर्तित हो जाती है, परन्तु कुकर्म में भी बुद्धि और मन के संगठित योग के आवेश में संतुलित रहती हुई चतुराई का ही बोध होता है।

—इति

134. मस्तिष्क बल की परिवर्तित होती हुई क्षणिक विचारधारा के कारण ही प्रत्येक जीव अथवा प्राणी की आँखों में 'आँसुओं का कोष' 'दया' अथवा 'पीड़ित' दशा के समय की पहचान का चिह्न होता है।

—इति

135. प्रश्न— गुरु जी, श्री दुर्गा माता जी, प्राणियों की अंतरात्माओं का भेद मालूम होने से मुझे त्राश आ जाता है।

उत्तर— प्रिय बेटा, यही त्राश भले-बुरे की परख है, मेरे साक्षात् दर्शन हो जाने के उपरांत मेरे प्रिय भक्तों के सन्निकट साधारण प्राणी की चतुराई और मूर्खता मेरी अपार कृपा हो जाने से मेरे साथ-साथ ही भक्तों को भी साधारण प्राणियों की आत्माओं तक की छुपी बात का भेद प्रकट हो जाता है।

—इति

136. प्राणी अथवा जीव के मन की स्वच्छ तथा यथोचित पाप रहित स्थिर भावना का आँखों में आया हुआ लक्षण 'मन तथा बुद्धि का क्षणिक संदेह अथवा पाप रहित संयुक्त पवित्र विचारधारा का वेग' अनुभव रहित पारखी के लिए मन की उचित स्थिर स्थिति को भांप सकने में सरल-सा ही अनुभव होता हुआ निज मन की दशा में संदेह का ही प्रमाण हो जाता है।

—इति

137. जिस व्यक्ति का मन मनोभाव द्वारा जीव जन्तुओं के निज विचित्र स्वर तथा पक्षियों के मधुर मनोहरण कलरव से प्रभावित हो कर सुखमय शांत-सी अनुभव हो गई हुई शान्ति की लहर में उड़ने लगता है, उसकी आत्मा परिवर्तित होती हुई मेरी ओर हो जाती है।

—इति

138. प्रश्न— गुरु जी, श्री दुर्गा माता जी, सामान्य रूप के चलन के सच्चे प्राणी के लिए आपके अत्यन्त शुभ चरणों की प्राप्ति होती है या नहीं ?

उत्तर— प्रिय अपर ब्रह्म परम भक्त ऋषि, सामान्य जन सामान्य चलन से अपनी सत्यता की पवित्रता हेतु अदृश्य अज्ञात से अलौकिक चमत्कारित बलयुक्त संसार के भीषण अग्नि स्वरूप चिन्ता युक्त असहनीय कष्ट या दुःख से परे रहता हुआ खिले हुए फूल की-सी भाँति आयु पर्यन्त मुक्त हो गया होता हुआ प्रफूल्लित दशा में ही देह त्यागने से पहले निश्चिंत दशा में रहता हुआ मुझ तक आ पहुँचने की सामार्थ्य की क्षमता को प्राप्त हो कर आनन्द की प्राप्ति को प्राप्त हो जाता है।

—इति

139. प्रश्न— गुरु जी, श्री दुर्गा माता जी, परिवर्तित होती हुई सुख-दुःख के समय की लहर अनुभव के निश्चित सीमा स्तर तक भी अज्ञात-सी अनुभव होती है ?

उत्तर— प्रिय बेटा, संकट के समय की ध्वनि रहित अनुभव न की जाने वाली लुप्त प्रबल लहरें मस्तिष्क की विशेषता की निर्बलता तथा सुदृढ़ता की सुख-दुःख के सम्मिश्रण युक्त सूर्य तथा चाँद की-सी उदय-सी होती हुई शुभ-अशुभ समय की परख को प्रकट करती है, प्राणी इन गुप्त प्रवाहित विचार धाराओं के परिणाम के अस्तित्व को प्रत्यक्ष रूप के कार्य में अनुभव कर लेता है, परन्तु कार्य-कर्ता विचारधारा के आरंभिक तत्व और आकस्मिक बोध रहित विचारधारा की परख के अनुभव से प्रायः हीन रहता है। वायु मण्डल की लहरें विशेषता मुक्त मस्तिष्क द्वारा प्राणी को निद्रित और जाग्रत कर देती हैं। मस्तिष्क में विचारधाराओं की विशेषता शरीर की आकृति होती है।

—इति

140. नीचता के गुण सदैव अवनति की ओर ही होते हुए आयु पर्यन्त शुभ कार्य के बोध का प्रतिबन्ध ही बने रहते हैं।

—इति

141. शुभ कार्य अशुभ विचाराधीन प्राणियों के मस्तिष्क में आ जाने के उपरांत भी शुभ-अशुभ का बोध न हो पाने से वायु वेग की भाँति उड़ से गए हुए समाप्त हो जाते हैं।

—इति

142. प्रश्न— गुरु जी, श्री दुर्गा माता जी, यज्ञ मान द्वारा करवाए गए यज्ञ में आपके स्वयं आने का भेद कैसे प्रतीत होता है ?

उत्तर— प्रिय बेटा, मुझ द्वारा सम्पूर्ण किए गए यज्ञ की भोजन सामग्री यजमान की अंतरात्मा युक्त द्रवित हो गई हुई पवित्र भावना द्वारा करवाए गए यज्ञ के भोजन की स्वादिष्टता में अलौकिक सुगंध अनुभव होती हुई मन और बुद्धि को संतुष्टता प्रदान करती है।

—इति

143. प्राणी निज बुद्धि स्तर पर ही निर्धारित वाह्य अथवा गुप्त रूप के सेवार्थ कार्य की किंचित मात्र मात्रा स्तर तक भी शुभ कार्य के परिणाम की प्राप्ति को प्राप्त होते हुए भी अपयश के अवगुण युक्त तत्त्व की किंचित मात्र मात्रा स्तर की उपस्थित किंचित मात्रा के कारण यश प्राप्ति के सगुण तत्व से वंचित रह जाता है, अनगिनत प्राणियों के समूह में विरला ही कोई सौभाग्यशाली प्राणी मेरी कृपा हो जाने से सर्वस्व सद्गुणों के परिणाम यश प्राप्ति को प्राप्त होता है। प्राणियों में इस स्तर से अधिक सामर्थ्य नहीं होती।

—इति

144. स्वार्थ भावना में लीन हो गया हुआ व्यक्ति प्रतिपल की गुण-अवगुण की गुप्त आप प्रवाहित विचार के बोध के वेग की अदृश्य गति का मस्तिष्क में सर्वथा बुद्धि हीनता की बोध रहित दशा में ही दूषित भावना की मलिन धारा में व्यस्त रहता हुआ विश्वव्यापी सौन्दर्य की आभा की छवि को भांपने की असमर्थ दशा में निज दुष्टता के तत्त्व की अधिकता के तमोगुण की अग्नि में नष्ट हो जाता है, कोई भी महात्मा या तपस्वी निज दृष्टि की आँच द्वारा तपोबल युक्त नष्ट हो जाता है।

—इति

145. प्राणी की स्वार्थ भावना युक्त मनोइच्छा के वेग में जाग्रत हुई पूर्ति की प्राप्ति को प्राप्त करने हेतु, प्रतिदिन मुझको प्राप्त हुए देवताओं की अराधना से प्राणी को सहज ही में सिद्धि ज्ञान प्राप्त हो जाता है, सिद्धि ज्ञान आयु पर्यन्त तक के लिए ही होता है, मोक्ष प्राप्ति नहीं होती।

—इति

146. सुख-दुःख अंतरात्मा की स्वाभाविक प्रकृति की सहनशीलता के न्यून अथवा अधिक स्तर के बोध का विवेक पर भार तथा उजाला का-सा प्रतीक अनुभव होता है;

सहनशीलता द्वारा शनैः शनैः सुख-दुःख के न्यून-अधिक अदृश्य बोध युक्त धारा के वेग की परख होते-होते प्राणी की अंतरात्मा शक्तिशाली हो जाती है;

सुख-दुःख का अनुभव समाप्त के से तुल्य होने के कारण अंतरात्मा में ज्ञान का प्रकाश जाग्रत करता है;

शनैः शनैः सहनशीलता द्वारा सुख-दुःख का बोध समाप्त-सा ही अनुभव के तुल्य रह जाता है;

अंतरात्मा सत्य-असत्य के बोध की ओर हो जाती है।

प्राणी अत्यधिक बुद्धिमान होते हुए अन्य प्राणियों को पागल का-सा अनुभव होता है। इस स्थिति को प्राप्त हो जाने से प्राणी सांसारिक प्राणियों और सच्ची शक्ति के मध्यस्थ होता है, अत्यन्त सत्यता के कारण सच्ची शक्ति को प्राप्त हो जाता है अथवा पागलपन की ओर हो जाता है।

—इति

147. अंतरात्मा को अत्यधिक व्यापक कष्ट प्राणी की दृष्टि को एकान्त की ओर आकर्षित कर देता है।

—इति

148. प्रश्न— गुरु जी, श्री दुर्गा माता जी, आप भली प्रकार जानते हैं, प्राय: प्रचल्लित रूपानुसार अधिकतर प्राणियों में यही मिथ्या धारणा घर कर चुकी है आप ऐसे प्राणियों का ध्यान अपनी ओर क्यों आकर्षित नहीं करते ?

उत्तर— प्रिय बेटा, निज सत्यता पर आधारित तपोबल तथा बुद्धिबल की योग्यता द्वारा निज सीमा से मुझ तक की निकटतम असीम सीमा तक आ गए हुए सर्वप्रिय प्राणी मुझ द्वारा ऋषियों की महत्ता में परिवर्तित हुए, प्रिय बेटा, मैं आदि व अन्त में नहीं हूँ, मैं आदिकाल से भी अन्त तक और अन्त काल से भी आदि तक हूँ, तू सत्युग काल से सर्वप्रिय प्रथम ऋषि हुआ है।

—इति

149. शिशु की जन्म-तिथि समयानुसार ही पूर्ण आयु पर्यन्त तक आधारित शुभ-अशुभ एवं अन्य तत्त्व परिपूर्ण शुद्ध-अशुद्ध विवरण अदृश्य प्रवाहित वायु वेग द्वारा उदय अवस्था में कर्मानुसार स्वयं यथेष्ठ अंकित अवस्था का चिह्न प्रकाशित अवस्था युक्त मृत्युकाल तक का काल दर्शित युक्त विस्तरित प्रस्तुतकर्ता होता है, तदानुसार अदृश्य लुप्त गुण शुभ कर्मानुसार उदय होने से सुख-दु:ख यश-अपयश की प्राप्ति का अनन्य सुखमय शुभ-अशुभ समय का योग महत्त्व प्रकाशित-सा उदय होता है।

—इति

150. अकस्मात् मृत्यु प्रलोभन दर्शित होती है, पाप-युक्त योगानुसार दुआत्माओं के अति निकट सम्पर्क में आ जाने के कारण काल परिवर्तित अवस्था का चिह्न अनेक अवस्थाओं में बुद्धि की विचारधारा के प्रतिकूल अवस्था में प्रवाहित हो कर सुखमय काल को प्रदर्शितकर्ता होता है, प्राणी शुभ-अशुभ काल की नीति की अज्ञानता में असमर्थ होता है।

—इति

151. प्रिय बेटा, प्राणी मात्र के लिए सुक्ष्म बुद्धि स्तर तक सीमित ज्ञान की प्राप्ति का रहस्य अत्यन्त दु:खद एवं अप्राप्य होना ही उचित है, ज्ञान का स्तर बुद्धिबल की अति उत्तम योग्यता, स्थिरता एवं सहनशीलता पर आधारित

रहता है, प्रत्येक प्राणी का मन मलिनता के कारण बोझ युक्त दब गया हुआ किंचित मात्र स्तर तक भी विचारधारा के वेग की अविरत धारा की स्थिति में, असत्यता अनुसार स्तरित नहीं रहता, विचारधारा के वेग पर स्तरित सत्य कर्मानुसार उदय-सी जन एवं जग व्यापक अनन्य अदृश्य किरण की अवस्था को अकस्मात् पुण्य द्वारा क्षणीक ज्ञानोदय स्थिति को धारण कर पुन: पुनर्स्थिति को प्राप्त करने योग्य नहीं रहता, अत्यन्त उच्च आत्मा समृद्धि बलयुक्त अलुप्त अमृत समान गुण की प्राप्ति तक के स्तर तत्व से प्राणी की आत्मा आकर्षित होती है, अत: प्रत्येक शुभ-अशुभ गुणों के अदृश्य स्थिति के अस्तित्व को बुद्धिबल के एकत्रित योग द्वारा अनुभव करती है ।

—इति

152. प्रश्न— गुरु जी, श्री दुर्गा माता जी, तपस्या तथा साधना में क्या अन्तर है, कृपया बताएँ ?

उत्तर— प्रिय पुत्र अपर ब्रह्म परम भक्त ऋषि, तपस्या प्रसन्नता सहित समय-समय के संकल्पानुसार निज मन की अनुपम विचार युक्त रूचि पर निर्भर रहती है, जटिल तपस्या मन को निरन्तर क्रम में बांध-सा रखने के समान बाध्य एवं अचल गतिमान समरूप की-सी स्थिति में स्वयं नियमानुसार निर्भर हो जाती है, परंतु विरले ही प्राणी का मन बाध्य रूप में स्थिर अवस्था युक्त गति में स्थिर रहता है ।

प्रिय बेटा, मन चंचल वायु में उड़ने का आदि होता है अत: मन को एकाग्र स्थिति में स्थिर रखना साधु सन्त प्राणियों अथवा अन्य प्राणियों की बुद्धिबल की क्षमता अनुसार के नियम युक्त क्रम में रखना अति दुष्कर हो जाता है, उपयुक्त सिद्धान्त से विदित अवस्था अनुसार निर्दिष्ट है । तपस्या मन की तथा समयानुकूलता की नियमानुसार आप लगन युक्त प्रवाहित विचारधारा पर निर्भर होती है ।

प्रिय बेटा, साधना अत्यन्त दुष्कर मार्ग है, अपने आप को मृतक समान बना देना तथा इस अनन्य अवस्था में भी जीवित समान उत्तेजित अवस्था की

स्थिति में स्थिर रहना अत्यन्त बुद्धिबल अंतरात्मा की जटिलता का प्रमाण होता है, इस अवस्था में प्राणी प्रत्येक ओर का ध्यान समाप्त स्वयं को मेरे चरणों में समर्पित करते हुए आकर्षित हो जाता है, प्राय: प्राणी इस अवस्था में मेरी समीपता तक आ जाने से पहले ही देह का त्याग कर जाता है।

प्रिय बेटा, इस स्थिति योग्य परख के समय की अकस्मात् असहनीय घटनाएँ ही प्राणी को मेरी ओर परिवर्तित कर देती हैं, साधना से बढ़कर जप-तप तथा संयम नहीं होता।

—इति

153.   प्रश्न— गुरु जी, श्री दुर्गा माता जी, सुख-दु:ख परिपूर्ण सांसारिक बंधन और मोक्ष क्या होते हैं, मृत्यु से पहले और उपरांत इसका क्या परिणाम होता है ?

उत्तर— अति प्रिय अपर ब्रह्म परम भक्त ऋषि, कर्म गति पर निर्धारित जीवित दशा में सुख मोक्ष और बंधन होता है, मृत्यु उपरांत जीवित अवस्था काल के पुण्य के प्रताप के सुखद रहस्य का विचारा गया फलदायी कल्पित संकल्प होता है जो आत्मा की संतुष्टता पर निर्भर रहता है प्राणी की आत्मा को मृत्यु उपरांत अमरत्व की प्राप्ति का फल होता है।

—इति

154.   संसार की प्रत्येक वस्तु रमणीक तथा सत्य है, कोई भी प्राणी या जीव कर्म से वंचित अथवा बंधन से मुक्त नहीं होता, शरीर को पौष्टिक दशा में स्थिर रहने के लिए खाद्य पदार्थ तथा मन का संतुलन एकाग्र स्थिति की स्थिरता के लिए स्त्री-स्पर्श अत्यन्त आवश्यक होता है।

—इति

155.   प्राणी को भविष्य के शुभ-अशुभ समय का ज्ञान ज्वलित रूप की अनन्य अदृश्य किरणों द्वारा विशेष प्रकार के लक्षणों द्वारा भली भाँति प्रकटता के रूप में प्रतीत हो जाता है, प्राणी के मन तथा बुद्धि को स्पर्श-सी होती हुई सूर्य की-सी किरणों का आभास होता है, उजाले के समान बुद्धि में किरणें

ज्वलित-सी प्रवाहित होती हैं, प्राणी को इस प्रकार की लहर के प्रति तनिक भी भांपने का ज्ञान नहीं होती, अत: वह निज आत्मा की परख से विहीन रहता है और शुभ-अशुभ कार्य विशेष कार्य की निश्चित समय की स्थिति में अपने लक्षण प्रकट करने के उपरांत उदय-सा हो जाता है, परिणाम स्वरूप प्राणी बुद्धि द्वारा भाग्य तथा अभाग्य की परिभाषा में गणना करता है।

—इति

156. प्रश्न— गुरु जी, श्री दुर्गा माता जी, आत्मबल घटता बढ़ता या एक-सा रहता है ?

उत्तर— प्रिय अपर ब्रह्म परम भक्त ऋषि, सुन— आत्मबल हवा तथा पानी की भाँति एक अनुभव-सा दबाव होता है, इसे अनुभव से ही प्राणी समझ पाता है। आत्मबल शरीर की पौष्टिकता तथा बुद्धि के संतुलन पर निर्भर होता है, आत्मा बुद्धिबल तथा शरीर की पवित्रता द्वारा संतुष्ट रहती है, मन तथा बुद्धि अनेक विचारों के समूह द्वारा शरीर के संतुलन को जगमगाते तथा बुझते से सिद्धान्त की-सी नीति द्वारा विचारहीन तथा पौष्टिक विचारधारा द्वारा प्रभावशाली तथा प्रभाव रहित स्थिति में करते रहते हैं, अत: प्राणी के मन का संतुलन प्रतिक्षण ही संतुलन में नहीं रहता। असंख्य अकाट्य शुद्ध विचारों के समूह की उत्तेजना से आत्मबल प्रबल तथा विचार रहित होने से आत्मबल निर्बल रहता है, शरीर रहित स्वतंत्र आत्मा प्रबलशाली होती है, शरीर के साथ सम्बंधित या व्यापक आत्मा बंधन में रहती है, अत्यन्त पवित्र आत्मा एकत्रित विचारों की समूह प्राप्ति से जीवित दशा में ही बंधन मुक्त स्वतंत्र आत्मा होती है। आत्मबल मन तथा बुद्धि की विचारधारा अनुसार घटता-बढ़ता रहता है, परन्तु मेरे दर्शन उपरांत मेरी सीमा तक आए हुए प्राणी का आत्मबल उसका अपना नहीं होता, अत: आत्मबल के बढ़ने तथा घटने की स्थिति की चिन्ता मुक्त अवस्था में परिवर्तित हो जाने से प्रत्येक स्थिति में मेरा ही हाथ होता है।

—इति

157. प्रिय बेटा और सुन, स्वतंत्र आत्मा का मेरा भक्त प्राणी मुझमें समा जाता है उसे मृत्यु के पश्चात इस लोक का ज्ञान रहता है तथा उसकी आत्मा ब्रह्म लोक तक स्वतंत्र रहती है ।

—इति

158. मंशा अविरत प्रगतिशील रहती हुई मनोरथ पूर्ति के शिखर पर पहुँचा देती है ।

—इति

159. मनुष्य आत्मा शक्ति द्वारा अन्तर्गत भावनात्म उत्तेजित इच्छा को बुद्धिबल के वेग द्वारा विचारधारा को उत्तम लक्षण के उद्देश्य की ओर परिवर्तित करे ।

—इति

160. मेरी प्रबल शक्ति अधीन प्राणी जीवन में दर्शन प्राप्ति को प्राप्त हो गया हुआ ऋषि मेरी कृपा का पात्र होता है, उसे सर्वस्व शक्ति प्रदान की जाती है, परन्तु मेरी आज्ञा के आचरण अधीन कार्य का पालक होता है। तीन लोक के भेद का ज्ञाता होता है, परन्तु मेरे तुल्य मेरी असीम सीमा की उपाधि का अधिकारी नहीं होता। बुद्धिमता के अभाव में ऋषियों को मेरी क्षमता के तुल्य स्वीकृत कर लेना अनुचित एवं प्रतिबंधित है, मेरे अत्यन्त प्रिय भक्त पूज्य होते हैं, परन्तु मेरे तुल्य नहीं होते ।

—इति

161. मैं किसी भी काल में प्राणी जीवन में मृत्युलोक की धरा पर नहीं आता मैं प्रत्येक बंधन मुक्त हूँ, क्षणिक परीक्षा उपरांत भी मैं निज अमर धाम में ही होता हूँ ।

—इति

162. अत्यन्त प्रिय भक्त की दर्शन प्राप्ति के काल में सदैव भक्त की रक्षार्थ प्रतिपल ही निज अमर धाम को त्याग किए हुए मृत्युलोक में प्रिय भक्त के स्नेह अर्थ साथ-साथ ही रहता हूँ ।

—इति

163. प्रिय बेटा, प्राणियों के लिए अहंकार की निश्चित दशा की स्थिति को समझना अति दुष्कर है, प्राणी को मन की गति अनुसार निज अहंकार की उचित उत्पत्ति का बोध नहीं होता, अहंकार पश्चात प्राणी का मन बुद्धि की विचारधारा की प्रतिकूल दिशा में हो जाता है, धीरे-धीरे अहंकार की मात्रा बढ़ जाने से प्राणी का मन अशांत रहने लग जाता है, परन्तु प्राणी को अहंकार की उत्पत्ति के ज्ञान का बोध होने से मन तथा बुद्धि में उचित विचार के सोचने की क्रिया के तत्त्व का अनुभव होने लगता है, क्षणिक गर्व की दशा भी अहंकार होती है। परन्तु यह दशा प्रभावशाली नहीं होती, इस गति का मन की स्थिति में प्रभाव नहीं पड़ता अहंकार प्रगतिशील बुद्धि को विनाश कर देता है, अहंकार की तीव्र गति में बुद्धि की पवित्र विचार के उचित वेग में सोचने की क्रिया में प्रतिबन्ध-सा अनुभव होने लगता है।

—इति

164. प्रिय अपर ब्रह्म परम भक्त ऋषि, मन की असत्य भावना की असत्य धारणा से निज मन में स्वयं को मेरे अनन्य स्नेह की प्राप्ति की इच्छा युक्त व्यक्ति पाप का अधिकारी हो जाता है। परन्तु अविरत वर्तमान युग के जिस काल में मेरी दर्शन प्राप्ति को प्राप्त हुआ अत्यन्त प्रिय भक्त, मृत्युलोक से मुझ तक आ गया होता है, मैं उसके जीवित काल में उसके स्नेह अर्थ प्रतिपल उसके सन्निकट होता हूँ, अत: उस युग में अन्य असत्य व्यक्तियों के पाप को भी पुण्य ही में परिवर्तित कर देता हूँ।

—इति

165. शारीरिक रूप में विरला ही संसारी व्यक्ति रूप में मेरी पूजा योग्य स्वयं ही होता है, मृत्युलोक में व्यसन तथा कार्य में संलग्न रहता हुआ प्राणी मेरे ध्यान में रहता हुआ भी विमुख ही होता है।

—इति

166. सांसारिक कार्यों की रूचि में लीन हो गया हुआ व्यक्ति कार्य के आरम्भिक समय में मेरा नाम लेता हुआ, आत्मा द्वारा मुझ तक आ जाता है, उसके

लिए पूजा पाठ के लिए भी समय का अभाव उचित होता है, इस प्रकार के अनगिनत प्राणी मेरी कृपा दृष्टि अधीन आत्मा की सत्यता को प्राप्त होते हैं, संसार में मेरे ऐसे भी असंख्य भक्त हैं।

—इति

167.   प्रश्न— गुरु जी, श्री दुर्गा माता जी, प्रायः प्राणी द्वापर काल से कृष्ण ही को भगवान कैसे मान गए?

उत्तर— प्रिय अपर ब्रह्म परम भक्त ऋषि, इस रहस्य को ध्यान पूर्वक ग्रहण करने का प्रयास कर— मैं सृष्टि लोक के अनगिनत प्राणियों को उनकी सत्यता के कारण प्रिय ऋषि अपना कर अमर कर चुका हूँ, अत्यन्त बुद्धिमता एवं तपोबल के आधार पर तथा उत्साह, धैर्य तथा सहनशीलता के अभाव में कोई भी ऋषि सामर्थ्यवान न हुआ, अधिकतर ऋषि जन दर्शन उपरांत स्वयं का भार भी सहन नहीं कर पाए हैं, सांसारिक प्राणियों द्वारा भी उनको दुःखी रहना पड़ा है, मैं अपनी सृष्टि होते हुए कुपित भी नहीं होता हूँ, तथा कर्म गति अनुसार के पाप व पुण्य के सिद्धान्त के परिणाम स्वरूप अमरत्त्व एवं दण्ड का परिवर्तन भी नहीं करता, प्राणियों को प्राणियों की बुद्धिमता तक सीमित रखता हूँ, मुझ तक आए हुए प्राणी के रूप में अत्यन्त बुद्धिमान ऋषि की दर्शन प्राप्ति बिना यह रहस्य सांसारिक जनों तक प्रसारित करना उचित तथा सरल नहीं था, क्योंकि बुद्धि में विकास की ज्योति असत्यता पर आधारित नहीं की जाती।

ऋषियों के अतिरिक्त अन्य साधारण मनुष्यों को रहस्य पूर्वक बोध का ज्ञान नहीं होता, ज्ञान का बोध सत्यता लगन एवं प्रयास में होता है, सांसारिक पापोदय का विनाश करने हेतु सामर्थ्य प्रदान करता हूँ।

मैंने उस काल में अपनी प्रबल शक्ति सुदर्शन चक्र के नाम से कृष्ण को प्रदान की थी, कृष्ण मेरा प्रिय भक्त था, मैं गीता की प्रत्येक वाणी को कृष्ण को सुनाता गया, वह गीता थी, यह संसार में सच्ची शक्ति के नाम से मेरा स्वयं का सर्वप्रथम अति उत्तम ज्ञान का भंडार रहेगा, अर्जुन को बोध न हो पाने के

कारण, मैंने कृष्ण द्वारा प्रयास करवाया तथा अर्जुन में भी अपनी शक्ति प्रदान कर दी, अर्जुन अत्यन्त घबराहट की दशा में हो गया, उसकी आत्मा शरीर से बाहर हो गई, उसने आत्मा के रूप में कृष्ण को देखा, कृष्ण में मेरी प्रदान की हुई शक्ति थी, अर्जुन कृष्ण ही को भगवान मान बैठा, कृष्ण स्वयं को भगवान नहीं कह सकता था वह स्वयं को भगवान नहीं कहता था, व्यक्ति रूप में सांसारिक भगवान ही समझ बैठे— वह एक योगी था— वह अत्यन्त कठिनाइयों में था, दर्शन प्राप्ति के समय के चमत्कार मेरे थे— चमत्कार प्राणी के नहीं होते, मेरे स्वयं के होते हैं।

—इति

168.	सत्य श्री सच्ची शक्ति जी की अनन्य वाणी के प्रति अलोचना तथा निन्दा करने वाले प्राणी आयु पर्यन्त के लिए सुख शान्ति से वंचित हो जाते हैं।

—इति

169.	सिद्ध ऋषियों के दर्शन प्राप्ति के काल में उनके अलोचक तथा मिथ्या निन्दा करने वाले प्राणी निज परिवार के प्रति पुण्य को प्राप्त होते हुए भी सदैव के लिए पापाधिकारी हो जाते हैं तथा असंख्य पीढ़ियों का समय आलस्य अधीन व्यतीत हो जाता है।

—इति

170.	दर्शन प्राप्ति के अतिरिक्त सांसारिक व्यक्तियों को बुद्धि से और अति उत्तम गुप्त परिवर्तनशील क्षमता बल प्रदान नहीं किया जाता, संसार के मत मतान्तर बुद्धि के प्रतीक होते हैं, स्थिर बुद्धि के प्रयास का प्रयोग अति उत्तम विचारधारा पर निर्भर रहता है, बुद्धि बल में तनिक-सी मात्रा का भेद शुद्ध विचारधारा को अन्य ओर परिवर्तित कर देता है, संग्रह युक्त बुद्धि का व्यक्ति भी अन्तर की भेद उत्पन्न हुई प्रकृति के प्रतीक को नहीं समझता, अत: प्रवाह अधीन प्राणी मात्र का प्रतिकूल अवस्था में परिवर्तित हो जाना संभाव्य है।

—इति

171. निश्चित बुद्धि की अनुपस्थिति में प्राणी का स्वयं यथार्थ स्थिति के मत मतान्तर रहित विजय में दैव योग से प्रविष्ट होना मन की शान्ति के योग को प्राप्त करने के तुल्य होता है।

—इति

172. मेरी अलौकिक सृष्टि में विरला प्राणी भी कर्म हीन दशा में पुण्य की स्थिति अनुसार जन्म लेने का अधिकारी नहीं होता, यह रहस्य प्राणी मात्र की बुद्धि से सर्वथा लुप्त रहेगा। पाप तथा पुण्य प्राणी जीवन के जीवित वर्तमान काल की कर्म गति अनुसार उसकी निज बुद्धि पर ही निर्भर रहते हैं, बुद्धिबल द्वारा प्रत्येक वस्तु सरल तथा उपलब्ध स्थिति की गति पर आती हुई प्राणी का सहायक होती है।

—इति

173. श्रेष्ठता के गुणों के रहस्य के महत्त्व की प्राप्ति में अनुचित समय में प्रत्येक शुद्ध अथवा अत्यन्त शुद्ध धारणा में भी न्यूनता का अंश रह जाता है, योग की इस दोष अनुसार अशुद्धता के अंश लुप्त अवस्था के प्रतीक होते हुए शुद्धता के अंशों को ज्वलित अवस्था में स्वयं प्रकट कर देते हैं, परन्तु प्राणी मात्र की बुद्धि स्तर अधीन बोध की अवस्था बुद्धि में रहती हुई अनुभव नहीं होती।

—इति

◆◆ ◆◆

सच्ची शक्ति की प्रकाशित अन्य पुस्तकें

सच्ची शक्ति
बुद्धि वर्धक शिरोमणि पुस्तक

श्री मांगो राम को हुए सुदर्शन प्राप्ति का वृत्तांत बताती यह पुस्तक जन कल्याणकारी सत्यता, स्नेह, निडरता, विश्वास एवं आलौकिक रहस्यों से परिपूर्ण ज्ञान का स्रोत है।

ISBN : 978-93-90963-33-3
eISBN : 978-93-9096-38-6

कल्याणी की मुद्रिका मृत्युलोक में

सांसारिक प्राणियों की भावनाओं एवं परस्पर स्नेह को उजागर करती यह पुस्तक ऋषियों के अस्तित्व एवं दर्शन प्राप्तकर्ता के परीक्षाकाल की सर्वश्रेष्ठ उचित एवं उत्तम ज्ञान का भंडार है।

ISBN : 978-93-89851-08-3

सूर्य की किरणें

विद्या, विधि, मन, मनन, शांति, संस्कृति, प्रकृति, अपशगुन या दोष, ग्रह, सत्यता, कर्म, आत्म-विश्वास, अमर आत्मा, ज्ञान, चमत्कार, अगला पिछला जन्म आदि-आदि सामाजिक सिद्धान्तों की यथार्थता को दर्शाती यह पुस्तक नई उर्जा का स्रोत है।

ISBN : 978-81-94415-10-7